सफलतम कप्तान
महेन्द्र सिंह धोनी

अमित कुमार

डायमंड बुक्स

प्रकाशक : **डायमंड पॉकेट बुक्स (प्रा.) लि.**
X-30 ओखला इंडस्ट्रियल एरिया, फेज-II
नई दिल्ली-110020
फोन : 011-40712200
ई-मेल : sales@dpb.in
वेबसाइट : www.diamondbook.in
मुद्रक : रेप्रो (इंडिया)

Safaltam Kaptan Mahendra Singh Dhoni
By : Amit Kumar

समर्पित

मेरी मां सुनंदा और पिता पद्म शंकर श्रीवास्तव
सहित मेरी पत्नी रितु, बेटा अमृत व बेटी रिया
समेत उन तमाम मित्रों और सहकर्मियों को मैं
यह पुस्तक समर्पित करना चाहता हूं
जिनके सहयोग से यह पुस्तक पूरी कर सका।

अंत में

उन तमाम खेल प्रेमियों के उत्साह को भी साधुवाद
जिनकी बदौलत आज यह खेल बुलंदी तक पहुंच सका है।

दो शब्द

कपिल देव के नेतृत्व में वर्ष 1983 में जब क्रिकेट का विश्व कप खेला जा रहा था तो मैंने पिताजी और उनके दोस्तों को रेडियो पर कमेंट्री सुनते हुए और बीच-बीच में तालियां बजाते और कभी-कभी मायूस होते हुए देखा था। उस समय मुझे यह नहीं पता था कि क्रिकेट के प्रति लोग इतने ज्यादा दीवाने कैसे हो जाते हैं। उम्र बढ़ने के बाद कॉलेज के दिनों में इस खेल से मेरा परिचय बढ़ा। इस खेल के जुनून के चलते मेरे घर में भी टेलीविजन आ चुका था। बिजली नहीं होने पर बैट्री से चलाकर टीवी पर क्रिकेट मैच देखा जाता था। इससे धीरे-धीरे मेरी भी क्रिकेट में रुचि बढ़ी और मैं भी ठीक-ठाक क्रिकेट खेलने लगा, लेकिन मेरा छोटा भाई जो अब इस संसार में नहीं है, ने ब्लाक स्तर पर क्रिकेट में काफी नाम कमाया। जब मैं बाजार में निकलता था तो लोग मुझसे मेरे भाई का नाम लेकर पूछते थे कि आप रोहित के भाई हैं, न ?

इस वाक्य का उल्लेख करना इसलिए जरूरी है कि उस वक्त मुझे पता चला कि इस खेल से किसी की पहचान भी हो सकती है और सम्मान देने और पाने का माध्यम भी। अब जब धोनी के नेतृत्व में क्रिकेट का विश्व कप खेला गया तो पूरा दिल्ली शहर शांत था और दफ्तर से लेकर दुकानें तक बंद थीं। रिक्शा चलाकर पेट भरने वालों ने भी उस दिन रिक्शा चलाना बंद कर दिया था। जब दो अप्रैल की रात सुई का कांटा ग्यारह के करीब पहुंचा और धोनी के छक्के के साथ ही टीम इंडिया वर्ल्ड कप विजेता बनी तो ऐसा लगा जैसे मैंने खुद ही कोई जंग जीत ली हो। उस समय बाहर पटाखों की आवाज से पूरा वातावरण गूंज रहा था। लोगों के एसएमएस आने शुरू हो गए। रात ग्यारह बजे शुरू हुआ धूम-धड़ाका सारी रात तक चलता रहा।

विश्व विजेता बनने के बाद जब दूसरे दिन मैं कार्यालय पहुंचा तो डायमंड पॉकेट बुक्स के चेयरमैन नरेन्द्र वर्मा का एक एसएमएस मिला। इसे मैं कुछ समय बाद ही देख सका जिसमें उन्होंने मुझसे पूछा था कि क्या मैं धोनी पर

किताब लिखने में दिलचस्पी रखता हूं। मैंने पहले तो सोचा कि मना कर दूं, पर फिर मैंने हामी भर दी। पूछा–कब चाहिए। वर्मा जी ने कहा- कल दे सकते हैं। मैंने कहा- यह कैसे संभव है। फिर उन्होंने कहा कि जितनी जल्दी हो सके लिख डालिए। मैं आफिस से घर पहुंचने के बाद कम्प्यूटर पर लिखने बैठ गया। इस काम में मेरी मदद पत्नी रितु और बेटा अमृत के अलावा बेटी रिया करती रही। रात में जब भी नींद आती तो यह लोग चाय बनाकर या फिर पानी पिलाकर मुझे जगाए रखते थे। मेरे अग्रज विजय राय, सहयोगियों और मित्र रत्नेश मिश्र का भी काफी सहयोग रहा है। वैसे इसके अलावा तेजपाल शर्मा और मुकेश कुमार ने भी मेरी काफी मदद की। क्रिकेट का इतिहास लिखने में मेरी सबसे ज्यादा मदद मुकुंद प्रसाद सिंह ने की। मुकुंद जी 1970 से लगातार क्रिकेट की कमेंट्री लिखते आ रहे हैं और इसके लिए कई पुरस्कार प्राप्त कर चुके हैं। पद्मश्री डा. श्याम सिंह जी ने तो बाकायदा धोनी और खेल संस्कृति पर एक लंबा–चौड़ा लेख ही लिख डाला। इन तमाम लोगों के बगैर इस पुस्तक को तैयार करना मेरे लिए संभव नहीं था। मैं इन सभी का दिल से शुक्रगुज़ार हूं।

अमित कुमार

महेन्द्र सिंह धोनीः एक नज़र

पूरा नाम- महेन्द्र सिंह धोनी।

लोकप्रिय नाम- माही।

जन्म- 7 जुलाई, 1981, रांची।

कद- 5 फुट नौ इंच।

मनपसंद शौक- तेज बाइक ड्राइव करना धोनी का बड़ा शौक है। उनके गैराज में कुछ कारों सहित 20 से ज्यादा तेज गति से चलने वाली मोटर साइकिल हैं।

मनपसंद फिल्म अभिनेता- धोनी के मनपसंद फिल्म अभिनेता अमिताभ बच्चन व संजय दत्त हैं। जॉन अब्राहम उनके मित्र भी हैं एवं मनपसंद फिल्म अभिनेता भी। पहले धोनी लंबे बाल रखते थे, लेकिन जॉन अब्राहम की तरह दिखने के लिए उन्होंने अपने बाल छोटे करवाए।

मनपसंद फिल्म अभिनेत्री- कैटरीना कैफ व 'हजारों ख्वाहिशें ऐसी' की चित्रांगदा सिंह और बिपाशा बसु उनकी अच्छी दोस्तों में से हैं।

मनपसंद गायक- किशोर कुमार, राहत फतेह अली खान एवं कैलाश खेर। धोनी की तरह कैलाश खेर का जन्मदिन भी 7 जुलाई है।

मनपसंद गायिका- स्वर साम्राज्ञी लता मंगेशकर।

बचपन के रोल मॉडल- सचिन तेंदुलकर।

मनपसंद क्रिकेटर- एडम गिलक्रिस्ट।

मनपसंद पेय पदार्थ- दूध। धोनी प्रायः एक दिन में तीन लीटर दूध पीते हैं।

पालतू पशु- धोनी को कुत्ते पालना पसंद है। उनके पास सैम, जारा एवं जोया नाम के तीन कुत्ते हैं।

मनपसंद खेल- क्रिकेट के अतिरिक्त बैडमिंटन, फुटबाल व फार्मूला वन रेसिंग।

मनपसंद फिल्म- फिल्मों के बहुत अधिक शौकीन नहीं हैं। फिर भी उन्हें कामेडी, एक्शन, थ्रिलर व साइंस फिक्शन की फिल्में पसंद हैं। अमिताभ बच्चन की सभी फिल्में उन्हें पसंद हैं।

मनपसंद खाना- घर का खाना आलटाइम फेवरेट है। वैसे चिकन बटर मसाला, नॉन के साथ चिकन टिक्का।

प्रथम श्रेणी पदार्पण- 1999 बिहार के लिए।

प्रथम वनडे मैच- 23 दिसंबर, 2004 विरुद्ध बांग्लादेश।

प्रथम वनडे शतक- 5 अप्रैल, 2005, विरुद्ध पाकिस्तान।

प्रथम टेस्ट- दिसंबर, 2005 चेन्नई, विरुद्ध श्रीलंका।

प्रथम टेस्ट शतक- जनवरी 2006 फैसलाबाद, विरुद्ध पाकिस्तान।

प्रथम टी-20 मैच- 1 दिसंबर, 2006 जोहानिसबर्ग, विरुद्ध दक्षिण अफ्रीका।

अनुक्रम

1

कहानी माही से महेन्द्र सिंह धोनी तक

महेंद्र सिंह धोनी, यह नाम सुनते ही तुरंत ही स्मरण हो आता है एक ऐसा खिलाड़ी जिसने पिछले चार-पांच वर्षों में ही अपने खेल से हर खेलप्रेमी के हृदय पर गहरा प्रभाव छोड़ा है। अपनी मेहनत के दम पर उन्होंने न सिर्फ एक सफल खिलाड़ी के रूप में बल्कि एक सफल कप्तान के रूप में भी सारी दुनिया में अपना लोहा मनवाया है।

महेंद्र सिंह धोनी, जिन्हें प्यार से माही के नाम से भी जाना जाता है। 5 फुट 11 इंच कद के इस खिलाड़ी ने 7 जुलाई, 1981 को रांची, बिहार (अब झारखंड) में जन्म लिया। इनके पिताजी का नाम पानसिंह धोनी है और माताजी का नाम देवकी देवी। इनका पैतृक गांव ल्वाली है, जो उत्तराखंड के अल्मोड़ा जिले के लामगढ़ ब्लाक में स्थित हैं। धोनी ने अपनी स्कूली शिक्षा यामली, रांची से ली। शुरू में इनका बैडमिंटन और फुटबाल के प्रति अधिक रुझान था। वह अपनी फुटबाल टीम के गोलकीपर थे, लेकिन अपनी अच्छी विकेट कीपिंग के दम पर वह क्लब क्रिकेट में स्थायी विकेट कीपर बने और साल 1998-99 में बिहार क्रिकेट टीम में पदार्पण किया। फिर 2004 में उन्हें भारतीय टीम के साथ केन्या जाने का अवसर प्राप्त हुआ। वहां पाकिस्तान टीम के विरुद्ध उन्होंने एक के बाद एक शतक लगाये और इस शानदार प्रदर्शन के आधार पर उन्हें भारतीय क्रिकेट टीम में चुन लिया गया। 23 दिसम्बर, 2004 को इन्होंने बांग्लादेश के विरुद्ध अपने एकदिवसीय क्रिकेट की शुरुआत की। अपने पांचवें ही मैच में उन्होंने पाकिस्तान के विरुद्ध 148 रनों की बेहतरीन पारी खेली, जो किसी भी भारतीय विकेट कीपर का सर्वाधिक स्कोर था। बाद में उन्होंने अपने इस रिकार्ड को तोड़ दिया तथा श्रीलंका के विरुद्ध जयपुर में

183 नाबाद रनों की अविस्मरणीय पारी खेलकर हर क्रिकेट प्रेमी का दिल जीत लिया। एकदिवसीय क्रिकेट की सफलता ने धोनी को टेस्ट क्रिकेट में भी स्थान दिला दिया। 2 दिसम्बर, 2005 में इन्होंने श्रीलंका के विरुद्ध अपना पहला टेस्ट मैच खेला। अपने लगातार अच्छे प्रदर्शन से इन्होंने 2005-06 के आखिर में आई.सी.सी. एकदिवसीय रैंकिंग में सर्वोच्च स्थान प्राप्त किया। जैसे हर चीज स्थायी नहीं होती, धोनी की फार्म में भी उतार-चढ़ाव आते रहे। वर्ष 2006 कुछ ऐसा ही रहा, लेकिन वर्ष 2007 की शुरुआत में वेस्टइंडीज और श्रीलंका के विरुष घरेलू श्रृंखलाओं में अच्छे प्रदर्शन से धोनी अपनी पुरानी फार्म में दिखे। इसके बाद भारतीय क्रिकेट के लिए सबसे निराशा का पल था, जब भारत 2007 वर्ल्डकप से पहले दौर में ही बाहर हो गया। इसके बाद बांग्लादेश के विरुद्ध श्रृंखला में धोनी ने मैन आफ द सीरीज का पुरस्कार प्राप्त किया। इंग्लैंड दौरे के लिए इन्हें भारतीय टीम का उप-कप्तान बनाया गया। धोनी को दक्षिण अफीका में सितम्बर में आयोजित 20-20 वर्ल्डकप के लिए भारतीय क्रिकेट टीम का कप्तान बनाया गया और फाइनल मैच में पाकिस्तान को हराकर दूसरे ऐसे भारतीय कप्तान बने, जो कपिल देव के बाद वर्ल्डकप जीता हो। सबसे रोचक पहलू यह है कि धोनी बालिंग भी करते हैं और 30 सितम्बर 2009 को इन्होंने वेस्टइंडीज के ट्रेविस डाऊलीन को बोल्ड आउट कर अपना पहला एकदिवसीय विकेट लिया। धोनी की कप्तानी में भारत ने आई.सी.सी. वर्ल्डकप टी-20, 2007, सीबी सीरीज 2007-08 और बार्डर-गावस्कर ट्राफी 2008 में जीती, जिसमें भारत ने आस्ट्रेलिया को 2-0 से हराया। विदेशी धरती पर भी श्रीलंका और न्यूजीलैंड के विरुद्ध एकदिवसीय श्रृंखलाओं में भी भारत को जीत दिलाई। पिछले एक वर्ष से धोनी आई.सी.सी. एकदिवसीय रैंकिंग में सर्वोच्च स्थान पर रहे, यह उनके लगातार अच्छे प्रदर्शन को दर्शाता है। धोनी की कामयाबी का सबसे बड़ा कारण इनका हर परिस्थिति में दिमाग को शांत रखना है तथा विकट से विकट परिस्थितियों वाले मैच में भी यह एक कप्तान के साथ-साथ बल्लेबाज के रूप में भी अपना संयम बनाये रखना है। याद कीजिये भारत के अधिकतर मैचों में भारत का स्कोर कभी 60 पर 3 विकेट, 90 पर 5 विकेट, ऐसे ही रहता है और उस समय पांचवें या छठे स्थान पर आकर धोनी ने एक अच्छी पारी खेलकर भारत को कितनी बार मैच जिताया है। क्रिकेट के हर प्रारूप में चाहे वह टी-20 हो, एकदिवसीय हो अथवा टेस्ट क्रिकेट, अब तो आई.पी.एल. भी है। सभी में कप्तानी के साथ-साथ विकेट

कीपिंग, बल्लेबाजी करना अपने आप में ही एक अद्‌भुत बात है। वर्ष 2008 और 2009 में धोनी को आई.सी.सी. एकदिवसीय खिलाड़ी का पुरस्कार मिला। वर्ष 2009 में धोनी को राजीव गांधी खेल रत्न और भारत का चौथा सबसे बड़ा पुरस्कार पद्मश्री से नवाजा गया। धोनी को विजडन की पहली ड्रीम टेस्ट टीम का कप्तान भी घोषित किया गया। इसी साल धोनी को आई.सी.सी. वर्ल्ड टेस्ट और एकदिवसीय दोनों टीमों के कप्तान के रूप में नामित किया गया। फोर्ब्स पत्रिका द्वारा घोषित दस सबसे अधिक कमाई करने वाले क्रिकेटरों की सूची में धोनी ने सर्वोच्च स्थान प्राप्त किया। इतना सब करने पर भी धोनी को अक्सर आलोचनाओं का शिकार होना पड़ता है। कभी ज्यादा विज्ञापनों में काम करने को लेकर, कभी लगातार पराजय के कारण, कभी साथी खिलाड़ियों से टकराव आदि की खबरों को लेकर। लेकिन धोनी ने अपने करिश्माई प्रतिभा से यह दिखा दिया कि लगन के साथ काम करे तो सफल होने से कोई नहीं रोक सकता।

जब रांची के किंग महेंद्र सिंह धोनी भारतीय टीम के लिए इतिहास रच रहे थे, तब हर कोई खुशी से झूम रहे थे। इससे पहले टीम और उसके सदस्यों को यह एहसास भी नहीं था कि वह इतना बड़ा काम करने जा रहे हैं लेकिन धोनी के संकल्प और टीम के जज्बे ने वह काम कर दिखाया जिसकी भारतीय क्रिकेट प्रेमियों को लंबे समय से प्रतीक्षा थी। धोनी को शानदार कप्तान केवल इसलिए नहीं कहा जाता है कि उनके नेतृत्व में विश्व कप भारत की झोली में आया बल्कि इसलिए भी कहा जाता है कि टीम के अंदर जो जोश पैदा किया वह भी लाजवाब है। यह जज्बा धोनी में अचानक ही नहीं आया। बचपन से ही धोनी व्यक्तिगत उपलब्धियों से पहले टीम को मानते आए हैं। उनके बचपन के मित्र सतीश कुमार एक बहुत ही रोचक किस्सा सुनाते हैं। बकौल सतीश एक बार धोनी ने मैन आफ द मैच का पुरस्कार सिर्फ इसलिए तोड़ दिया था, क्योंकि उनकी टीम मैच नहीं जीत पायी थी। धोनी का कहना था कि जब टीम नहीं जीती तो भला ऐसा इनाम किस काम का। सतीश बताते हैं कि एक नाइट टूर्नामेंट में सेंट्रल कोलफील्ड लिमिटेड (सीसीएल) की ओर से खेलने के लिए लखनऊ गए थे। इस दौरे पर धोनी और सतीश एक ही कमरे में ठहरे थे। सतीश उन दिनों को स्मरण करते हुए कहते हैं कि उस टूर्नामेंट के एक मैच में हमारी टीम हार गई, लेकिन धोनी को उस खेल के लिए मैन आफ द मैच घोषित किया गया। धोनी को इतने से संतोष नहीं हुआ और टीम

की हार से बौखलाकर पुरस्कार स्वरूप मिले टी-सेट को पटककर फोड़ दिया। उस समय नम आंखों से धोनी ने कहा कि जब टीम ही हार गई तो मैं मैन अफ द मैच बनकर क्या करूंगा। एक बार धोनी स्कूल क्रिकेट में 200 रन की ऐतिहासिक पारी खेलकर चर्चा में आए। इसके बाद उन्होंने सीसीएल की टीम में खेलने का निर्णय लिया। सतीश पहले से ही सीसीएल टीम का प्रतिनिधित्व कर रहे थे। उस वक्त धोनी की उम्र मात्र 17 वर्ष थी, लेकिन वे अपनी उम्र से ज्यादा परिपक्व नजर आते थे। सतीश बताते हैं कि धोनी प्रैक्टिस के लिए मेरी ही गाड़ी से ही आते-जाते थे। उस दौरान धोनी बार-बार सचिन तेंदुलकर के साथ खेलने की बात करते थे। बातों-बातों में वे सचिन के साथ खेलने की कामना कर प्रफुल्लित हो उठते थे। दिल की भावना जब जुबान पर प्रकट हो जाती है, तो संगी साथी अवाक रह जाते, लेकिन पांच साल के अंदर ही हर अखबार के मुख्य पृष्ठ पर सचिन के साथ जब धोनी का बल्ला थामे फोटो छपा तो हमें उनकी कही पुरानी बातें याद आ गई। बांग्लादेश के साथ मैच में अपने अंतराष्ट्रीय क्रिकेट कॅरियर का आगाज करने वाले धोनी का रांची लौटने पर शानदार स्वागत किया गया। एक पत्रकार के रूप में मैं भी उस लम्हें का गवाह था। धोनी ने मेरे गले से लिपटते हुए कहा था- 'याद है न भैया, मैंने पांच साल पहले आपको क्या कहा था?' मुझे यह भी याद है जब धोनी पिछले वर्ल्डकप में भारत की हार के बाद रांची आए, तो वे काफी निराश थे। बातचीत में उन्होंने कहा कि हार का दुख तो है, लेकिन अगले विश्वकप में देशवासियों को तोहफा देने में वो कोई कसर नहीं छोडूंगा। धोनी के नजदीकी परमजीत सिंह बताते हैं कि एक बार धोनी का चयन देवधर ट्राफी के लिए हुआ था, तो उस समय धोनी रांची में एक मैच खेल रहे थे। धोनी को उस समय तक पता नहीं था कि उनका चयन देवधर ट्राफी के लिए हुआ है। उस वक्त कोलकाता से बांग्ला अखबार शाम को आता था और उसी में उनके चयन को लेकर समाचार छपा हुआ था। एक मित्र ने जब धोनी को यह जानकारी दी तो वे इस बात से परेशान हो उठे कि अगले दिन वो पूर्वी क्षेत्र की टीम के साथ कैसे होंगे? हम लोगों ने धोनी की परेशानी देखकर आपस में चंदा किया और एक टैक्सी लेकर कोलकाता पहुंचे, पर टीम सुबह ही कोलकाता से रवाना हो चुकी थी। उस समय कोलकाता एयरपोर्ट पर मिस्टर पाल स्टोन मैनेजर हुआ करते थे। वे बेहद खेलप्रेमी थे। उनसे ही विनती कर किसी तरह विमान टिकट का इंतजाम कराया गया, जिससे धोनी टीम के साथ जुड़ सके। धोनी के खेल

को देखकर मैं इतना प्रभावित था कि उनके लिए प्रायोजक की तलाश करने लगा, ताकि उन्हें खेल किट और अन्य सामग्री मिल सके। वास कंपनी से इस संबंध में बात हुई और उसने प्रायोजक बनना स्वीकार किया। धोनी शानदार स्ट्रोक प्लेयर हैं इसे सब जानते हैं पर यह नहीं जानते कि उनके स्ट्रोकों से बल्ले का क्या हाल होता है। उन्होंने एक साल में ही आठ बैट तोड़ डाले थे, पर प्रायोजक कंपनी ने उन्हें बैट मुहैया कराना जारी रखा। माही के सबसे अच्छे मित्र संतोष लाल को वह लम्हा याद आता है, जब धोनी का सेलेक्शन टीम इंडिया में नहीं हुआ था। वह बताते हैं कि सन् 1999 की बात है, इंडिया अंडर 19 टीम का चयन हो रहा था। संयुक्त बिहार से दो खिलाड़ियों का ही चयन हुआ था। इसमें एक मिहिर दिवाकर और दूसरे थे महेन्द्र सिंह धोनी। धोनी का नाम उस सूची में पांचवें स्थान पर था। वह बहुत खुश था। सेलेक्शन होने की खुशी में उसने हम दोस्तों को पार्टी भी दी। देर रात फाइनल सूची जारी हुई, पर उसमें धोनी का नाम गायब था। उसकी जगह पर अजय रात्रा का चयन कर लिया गया था। सूची देखने के बाद वह मायूस हो गया। वह यही सोच रहा था कि बिना पैरवी के अब वह आगे खेल नहीं पाएगा। उसने क्रिकेट छोड़ने का मन बना लिया, परन्तु दोस्तों के आश्वासन के बाद उसने यह ठान ली कि अब कुछ भी हो जाए टीम इंडिया में प्रवेश करके ही रहेंगे। यह बताकर संतोष लाल काफी भावुक हो उठते हैं। वह कहते हैं कि वह पल मुझे हमेशा याद आता है।

2

झारखंड की तस्वीर में धोनी

भारतीय राजनीति में अवसरवादिता का प्रतीक बनता झारखंड। नक्सली हिंसा से जूझता झारखंड। 50 प्रतिशत से ज्यादा गांवों में रोशनी की पहली किरण का इंतजार करता झारखंड। एक चौथाई गांव में सड़क पहुंचने की राह देखता झारखंड। आदिवासी अस्मिता की पहचान के साथ देश के नक्शे पर सिर्फ आठ साल पहले उभरे इस 28वें राज्य की ये कुछ छवियां हैं। ये छवियां इसके टीस और दर्द भरे चेहरे को देश के सामने लाती हैं। एक झारखंड और है, बाकी देश से लगभग अंजान। इतिहास के सुनहरे पन्नों में सन् 1857 के स्वतंत्रता संग्राम से एक सदी पहले ब्रिटिश हुकूमत के खिलाफ विद्रोह का ऐलान करते बिरसा मुंडा का झारखंड। राजा जयपाल सिंह की कप्तानी में भारतीय हाकी टीम के ओलंपिक में सुनहरे सफर का आगाज़ करता झारखंड। हरे-भरे जंगलों के बीच इंसानी पहुंच से दूर खूबसूरत झरनों और दिल को छू लेने वाले नज़ारों का झारखंड। करीब ढाई करोड़ आबादी वाला यह राज्य दर्द और सुकून के बीच आगे बढ़ता रहा है। अब उसकी मनोस्थिति के दो छोरों को पाटने का जरिया मिल गया है माही यानी भारतीय क्रिकेट टीम के कप्तान महेन्द्र सिंह धोनी। एक ऐसा नाम जिसका अहसास न सिर्फ झारखंड को सुकून देता है, बल्कि यह नाम बाकी देश में भी झारखंड की पहचान बन गया है। है। यही वजह है कि हर कोई आज धोनी के करीब पहुंचना चाहता है। सुरक्षा की दीवार के पार खड़े धोनी की एक झलक प्रशंसकों के लिए एक नई कहानी में ढल जाती है। धोनी को लेकर ये जुनून महज झारखंड की सरहदों में ही नहीं सिमटा। यही कारण है कि हसीना नसरीन जैसी युवतियां धोनी को छू लेने भर के इरादे से 250 किलोमीटर की दूरी तय कर

डालती है। एक नवयुवती अचानक ईडन गार्डेन के गेट पर उनसे लिपटने की कोशिश करती है। यह घटना देश के टेलीविजन चैनलों पर पूरे दिन दिखाने के मसाले में तब्दील हो जाती है। धोनी से जुड़ती इन कहानियों में जुनून और दीवानगी अपनी हदें पार करते दिखाई पड़ते हैं। यह इशारा करते हुए कि धोनी क्रिकेट की सीमा रेखा के बाहर इस देश के जेहन में किस हद तक दर्ज हो गए हैं। सचिन तेंदुलकर और शाहरुख खान के देश में यह जुनून आपको महेन्द्र सिंह धोनी होने के मतलब से रूबरू कराता है। दो दशक पहले तक आप सोच नहीं सकते थे कि रांची या झारखंड से कोई इंसान आपको इस कदर जुनून में बहा ले जाएगा। यह अब देश में हाशिए पर छूटे हिस्सों की नुमाइंदगी करता चेहरा है। देश की एक नई पहचान है। धोनी के इस जादू की शुरुआत उसके बल्ले से निकली दो बड़ी पारियों से जरूर होती है। विशाखापत्तनम में 123 गेंद में 148 रनों की तूफानी पारी से, वह भी पाकिस्तान के खिलाफ। ऐसी पारी, जिसका कोई भी भारतीय क्रिकेटर ताउम्र इंतजार करता है। इसके बाद जयपुर में 145 गेंद में 183 रनों की ताबड़तोड़ पारी। 15 चौके और 10 छक्कों के साथ एडम गिलक्रिस्ट के रिकार्ड से आगे ले जाती पारी। यह सिर्फ धोनी का आगाज था, अंजाम नहीं, इसलिए पिछले दो साल के दौरान वे लगातार अपनी भूमिका व नजरिये को बदलते रहे हैं। अपनी नई पहचान को गढ़ते रहे हैं। अब उनसे ऐसी तूफानी पारी की उम्मीद नहीं की जाती, जो सिर्फ 10 मैचों में दो बार आपको जीत तक पहुंचाए। आज धोनी से 10 मैचों में आठ बार जीत की आस लगायी जाती है, लेकिन उनकी आतिशी बल्लेबाजी से नहीं, बल्कि एक छोर को संभाले बल्लेबाज धोनी से। कप्तान के तौर पर मैच के हर मोड़ को अपने पक्ष में मोड़ते धोनी से। चाहे वह विकेट के पीछे हों या विकेट के सामने। इसी के चलते भारत ने जहां रिकी पोटिंग की वर्ल्ड चैम्पियन टीम को त्रिकोणीय श्रृंखला में मात दी, वहीं श्रीलंका को उसी की जमीं पर हराकर एक नया इतिहास रच दिया। बतौर कप्तान धोनी के बल्ले से अब वनडे में करीब 55 के औसत से रन निकल रहे हैं। यह उनकी करियर औसत 47 से कहीं बहुत आगे है। जाहिर है कि धोनी अपने विकेट की कीमत को बखूबी समझते हैं, लेकिन धोनी महज बल्ले से ही टीम को इस नई राह पर नहीं डाल रहे। नौजवान खिलाड़ियों के साथ-साथ टीम में वरिष्ठ सदस्यों को भी एक विनिंग कम्बिनेशन में तब्दील करना। धोनी को भारतीय कप्तानों में एक अलग पायदान पर खड़ा कर रहा है। टीम में सचिन तेंदुलकर से लेकर वीरेन्द्र सहवाग, हरभजन सिंह से लेकर जहीर खान और युवराज तक, सभी

को उनके सर्वश्रेष्ठ खेल की तरफ मोड़ना कप्तान धोनी को एक अलग पहचान दिला रहा है। इस हद तक कि भारतीय टीम के पूर्व कोच गैरी कर्स्टर्न को यह कहने में कोई गुरेज नहीं है कि धोनी अब वनडे ही नहीं, बल्कि टेस्ट की कप्तानी सक्षम हैं। दरअसल, धोनी की यह कामयाबी सीधे-सीधे उनके खुद में भरोसे से जुड़ी नजर आती है। भारतीय टेस्ट टीम से आराम की बात कर टीम से बाहर बैठने का जोखिम कौन उठा सकता है। क्रिकेट के इस सबसे पेशेवर दौर में गावस्कर भी उनके इस फैसले के कायल हो गए हैं, लेकिन धोनी ने श्रीलंका में टेस्ट सीरीज से खुद को अलग रखने का जीवट दिखाया। फिर कामयाबी हासिल करते ही जश्न के मौके पर अपने साथियों के लिए मंच छोड़ते धोनी में एक नया ही आत्मविश्वास दिखाई पड़ता है। 20-20 वर्ल्डकप या आस्ट्रेलिया के विरुद्ध त्रिकोणीय श्रृंखला में जीत या अभी श्रीलंका के खिलाफ मिली कामयाबी, धोनी शिखर पर जश्न के लिए अपने साथियों को हमेशा आगे करते दिखाई देते हैं। फिर टीम की हार में भी धोनी लड़खड़ाते नहीं। आईपीएल के फाइनल की आखिरी गेंद पर पार्थिव पटेल के हाथ से गेंद छिटकती है। राजस्थान रायल्स आईपीएल चैम्पियन बनती है, लेकिन अगले ही क्षण हार को पीछे छोड़कर चेन्नई सुपर किंग्स के अपने साथियों के साथ एक घेरे में खड़े होकर उनके कंधों को थपथपाते धोनी को कौन भुला सकता है। दरअसल धोनी हार व जीत से आगे निकलकर खुद में एक बेमिसाल भरोसा जगाते हैं। भरोसा जो एक जिद में तब्दील हो रहा है। ऐसी जिद जो उन्हें क्रिकेट के दायरे से बाहर ले जा चुकी है। शायद यही वजह है कि क्रिकेट के मैदान पर धोनी भरोसे से लबालब दिखाई देते हैं, तो विज्ञापन के विकेट पर बालीवुड के शहंशाह शाहरुख खान के समक्ष भी उनके कदम कभी नहीं लड़खड़ाते। आईपीएल में छह करोड़ की कीमत पाने वाले धोनी क्रिकेट और बालीवुड को एक साथ चुनौती देते ब्रांड की शक्ल ले चुके हैं। फिर यह भी धोनी की ही जिद है, उस झारखंड से जुड़े रहने की, जिसने उनके सपनों को हकीकत में बदला है। मूल रूप से उत्तराखंड से कभी झारखंड में आकर बसे धोनी इस जगह से बाहर अपनी पहचान तलाशना भी नहीं चाहते, इसलिए धोनी के आदिवासी न होते हुए भी कभी आदिवासी अस्मिता पर शक्ल लेने वाला झारखंड उन्हीं के जरिए बाकी देश में अपनी पहचान तलाशता दिखने लगा है। यह महेन्द्र सिंह धोनी की जीत है। इन सबसे आगे क्रिकेट की जीत है।

3

टिकट कलेक्टर से वर्ल्ड चैंपियन तक

भारत ने विश्व कप जीत लिया और कप्तान महेन्द्र सिंह धोनी लाखों-करोड़ों दिलों की धडकन बन गये। पैसा और शोहरत उनके कदमों को चूमने लगी, मगर क्या आप जानते हैं कि धोनी ने यहां तक का सफर कैसे तय किया। आइए, हम आपको बताते हैं धोनी की टीसी से डब्लूसी तक के सफर के बारे में। चौंकिए नहीं, टीसी मतलब टिकट कलेक्टर और डब्लूसी मतलब आपने सही समझा वर्ल्ड चैंपियन। जी हां, विश्व कप विजेता टीम के अगुआ महेन्द्र सिंह धोनी खड़गपुर में टिकट क़लेक्टर थे। शायद यह बात उन्होंने भी नहीं सोची होगी कि टिकट चेक करते-करते किस्मत इस कदर बदल जाएगी और उन्हें एक दिन विश्व कप जीतने की लाटरी मिल जायेगी। धोनी की कहानी किसी फिल्मी स्टोरी से कम नहीं है। जब धोनी प्लेटफार्म पर टिकट कलेक्ट करते थे। उस समय सौरभ गांगुली भारतीय टीम के कप्तान थे और युवराज सिंह नए-नए टीम में शामिल हुए थे। खड़गपुर के लोग अभी भी धोनी के उन दिनों को नहीं भूले हैं। उन दिनों धोनी साइकिल की सवारी करते थे और टेनिस बाल से क्रिकेट खेला करते थे। उन्हें क्रिकेट क्रेजी कहा जाता था। धोनी साल 2001 में खड़गपुर आए थे, उन दिनों उन्हें नौकरी की बहुत जरूरत थी उस समय दक्षिण पूर्व रेलवे के डिवीजनल मैनेजर अनिमेश गांगुली को अपनी टीम के लिए एक विकेट कीपर की तलाश थी। वह धोनी को स्टेडियम में ले गए जहां उनका टेस्ट लिया गया जिसमें उन्हें सफलता मिली। स्पोर्ट्स कोटे से टीसी की नौकरी मिल गई। बस यहीं से धोनी की क्रिकेट कहानी शुरू हो जाती है। कुछ सालों बाद उन्हें बड़ी क्रिकेट टीमों से खेलने के मौके मिले और उन्होंने 2003

में रेलवे की नौकरी छोड़कर इंडियन एयरलाइंस ज्वाइन कर ली और आज वह वर्ल्ड चैम्पियन महेन्द्र सिंह धोनी बन गये। धोनी का यह सफरनामा काफी रोचक है। कुछ लोग तो यह भी कहते हैं कि धोनी बहुत किस्मत वाले हैं लेकिन धोनी ने अपने लगन, निष्ठा और आत्मविश्वास के बल पर किस्मत को बदला और आज वह चैम्पियन की तरह काम कर रहे हैं।

4

धोनी के प्रति दीवानगी

धोनी का जादू लोगों के सिर इस कदर चढ़ कर बोल रहा है कि युवाओं खासकर लड़कियों में तो इसकी दीवानगी देखते ही बनती है। लड़कों में भी धोनी की दीवानगी कम नहीं है। जब धोनी लंबे बालों के साथ क्रिकेट के मैदान पर उतरे थे तब लड़कों में धोनी स्टाइल बाल रखने की होड़ सी मच गई थी। अक्सर लड़कों के बाल देखकर लोग कहते भी थे कि वाह क्या धोनी स्टाइल में बाल हैं। धोनी का जादू समय-समय पर युवाओं के सिर चढ़कर बोलता रहता है। मुंबई में आयोजित इंडिया इंक टैटू कन्वेंशन में मशहूर टैटू आर्टिस्ट योगिता पंचाल की बांहों में भी धोनी का जादू दिखा। इसके अलावा धोनी का मेंहदी वाला टैटू देश के विभिन्न हिस्सों में युवतियों द्वारा अपनी बांहों पर बनवाते देखा गया। योगिता पंचाल ने तो 28 वर्ष के लंबे अंतराल के बाद क्रिकेट का वर्ल्डकप हासिल करने पर महेंद्र सिंह धोनी का टैटू अपनी बांहों पर बनवाया। एक अन्य माडल ने अपनी पीठ पर वर्ल्डकप का टैटू बनवाया। इसी तरह की दीवानगी कई जगहों पर देखने को मिली। धोनी के प्रति दीवानगी का आलम यह था कि लड़कियों ने तो धोनी को सपनों में ही अपना हमसफर बना लिया। कौन होगी धोनी की जीवनसंगिनी इसको लेकर कई बार कई तरह की खबरें उड़ी। कभी किसी के साथ नाम जुड़ा तो कभी किसी के साथ। लेकिन भारतीय क्रिकेट टीम को टी-20 का विश्व कप और क्रिकेट का विश्वकप दिलाने वाले कप्तान महेंद्र सिंह धोनी ने टी-20 स्टाइल में ताबड़तोड़ चट मंगनी और पट ब्याह कर लिया। उन्होंने अपनी दोस्त साक्षी रावंत के साथ शनिवार, तीन जुलाई 2010 को देहरादून में गुपचुप तरीके से सगाई कर ली, और दूसरे दिन यानि रविवार को ही शादी कर सभी को हैरत में डाल दिया।

हर तरफ यह चर्चा होने लगी कि आखिर धोनी की यह तैयारी पहले से ही थी। किसी के साथ जो नाम जुड़ रहा था वह केवल अफवाह भर थी। इस शादी में शामिल होने के लिए कई क्रिकेटर और बालीवुड की कुछ हस्तियां भी पहुंची थी। देहरादून में उनकी मंगेतर साक्षी रावत की नानी के घर पर विवाह के शुरुआती संस्कार हुए। लेडीज संगीत और हल्दी हाथ की रस्म पूरी की गयी। साक्षी रावत धोनी के बचपन की दोस्त हैं और फिलहाल होटल मैनेजमेंट की पढ़ाई कर रही हैं। एक साल पहले धोनी के मसूरी आने पर दोनों को साथ देखा गया था और तब से ही उनकी शादी की चर्चा थी। देहरादून के आईपीएस दंपत्ति अभिलाशा बिष्ट और विश्वजीत रिश्ते में साक्षी के बहन-बहनोई हैं। विश्वजीत धोनी के पुराने मित्र रहे हैं। बताया जाता है कि धोनी के विवाह में इनकी महत्त्वपूर्ण भूमिका रही। विवाह समारोह को भी गोपनीय रखा गया। मीडिया के लिये नाकेबंदी की स्थिति थी और पुलिस की कड़ी सुरक्षा थी। विवाह समारोह देहरादून से करीब 30 किमी दूर एक निजी होटल और फार्महाउस में हुआ। धोनी के बहन-बहनोई, माता-पिता और करीबी दोस्त और रिश्तेदार इसमें शामिल हुए। शादी में शशांक मनोहर, जान अब्राहम, हरभजन सिंह, आर पी सिंह भी देहरादून पहुंचे थे।

धोनी दून के दामाद बनें, इससे बड़ी खुशी और गर्व की बात क्या हो सकती है। देहरादून के लोगों का धोनी को बधाई और शुभकामनाएं देने वालों का तांता लगा हुआ था। उनके फैन महेंद्र सिंह धोनी और साक्षी रावत की एक झलक पाने के लिए लालायित थे। इस रिश्ते से लोग अचंभित भी थे और खुश भी। देहरादून के लोगों ने कहा कि धोनी दून के दामाद बनें इससे बड़ी खुशी और गर्व की बात और क्या हो सकती है लेकिन उनके दीदार का इंतजार कर रहे प्रशंसकों को निराशा ही हाथ लगी। उनके कुछ प्रशंसकों में इससे नाराजगी भी थी कि वह उनकी एक झलक भी नहीं पा सके। ऐसे ही एक प्रशंसक ने कहा कि धोनी विवाह कर रहे हैं, कोई चोरी तो नहीं, फिर हमारा भी कोई हक बनता है। ब्यूटी पार्लर, जहां साक्षी तैयार हो रही थी, फूल की दुकान जहां से जयमाला बन रही थी और उनके घर-पड़ोस में लोगों की भीड़ उमड़ रही थी। जिस होटल में मुख्य समारोह होना था। उसे दो दिन के लिए बुक किया गया । उधर अल्मोड़ा में भी धोनी के मूल गांव में खुशी की लहर थी। अल्मोड़ा के निवासियों ने कहा था कि वे पारंपरिक रस्म के अनुसार दुल्हन को लेकर आने वाले धोनी का गांव में स्वागत करने के लिए इंतजार कर रहे हैं।

धोनी को शादी की बधाई पूरी दुनिया से मिल रही थी। उनके साथियों के साथी खिलाड़ियों के अलावा मीडिया के जरिए धोनी के प्रशंसक बधाई दे रहे थे तो साथी खिलाड़ियों ने भी खुलकर अपनी बात कही। क्रिकेटर ईशांत शर्मा की प्रतिक्रिया थी-मुझे तो टीवी पर देखकर पता चला कि धोनी की शादी हो रही है। उससे पहले मुझे मालूम ही नहीं था। मैं उनको भविष्य के लिए शुभकामना देता हूं। धोनी क्रिकेट के मैदान पर बहुत शांत और सहज रहते हैं, मुझे यकीन है कि वो अपने वैवाहिक जीवन में भी ऐसा करने में सफल होंगे। धोनी के साथी खिलाड़ी इरफान पठान कहते हैं कि मैं धोनी और साक्षी को बधाई देता हूं! अल्लाह करे दोनों की जोड़ी सलामत रहे और उन्हें बहुत खुशियां मिलें। अच्छी बात ये है कि ये धोनी की नई जिंदगी की शुरुआत है और हम सब उन्हें दुआएं दे रहे हैं। रोहित शर्मा कहते हैं मुझे शादी में जाने का न्योता तो नहीं मिला। मैंने सुना है कि बहुत जल्दी में शादी का फैसला किया गया। हो सकता है हम सब रिसेप्शन में जाएं। मैं धोनी और साक्षी के भविष्य के लिए उन्हें शुभकामना देता हूं। आशा करता हू कि शादी के बाद धोनी क्रिकेट में और तरक्की करें। मुरली विजय भी धोनी की तारीफ करते नहीं अघाते। वे कहते हैं, धोनी एक बहुत ही अच्छे इंसान हैं। मुझे खुशी है कि वो जिसे चाहते थे उनकी शादी उसी से हुई। आशा है कि वो अपने जीवन में आगे और तरक्की करेंगे। मजेदार बात तो रोबिन उथप्पा ने कहा कि वह धोनी और साक्षी को बहुत सालों से जानते हैं। उथप्पा ने कहा कि दोनों मेरे दोस्त हैं और दोनों एक दूसरे के साथ बहुत अच्छे हैं। विराट कोहली कहते हैं कि मैं उम्मीद करता हू कि उनका वैवाहिक जीवन खुशियों से भरा रहे। मुझे उनकी शादी के बारे में पहले से कोई जानकारी नहीं थी क्योंकि उन्होंने एकदम से ये फैसला किया।

क्रिकेटर साथियो के अलावा खेल जगत की कई हस्तियों ने धोनी को बधाई संदेश भेजे। मुक्केबाज विजेन्दर सिंह कहते हैं कि मेरी तरफ से धोनी को हार्दिक शुभकामनाएं। मुझे लगता है कि धोनी भारत के लिए जितने अच्छे कप्तान साबित हुए हैं उतने ही अच्छे साक्षी के लिए पति साबित होंगे।

शादी के बाद धोनी की पिछली जिंदगी को लेकर चर्चाओं का बाजार शुरू हुआ। किसी ने कुछ कहा तो किसी ने कुछ। उनकी पिछली जिंदगी में जो लड़किया आई उनके बारे में तरह-तरह की बातें होने लगी। किसी ने कहा कि धोनी को तो पहले किसी और से प्रेम था और शादी किसी और से हुई।

कहा जाता है कि उन्हें पहले प्रेम रोग लगा था। आईपीएल -3 के दौरान धोनी का दिल असिन के नाम पर धड़क रहा था। धोनी आईपीएल का पहला सेमीफाइनल देखने के बाद असिन के घर पहुंच गए। असिन माही को रास आ गयीं, दोनों में नजदीकियां बढ़ रही थीं। अपनी अगुआई में चेन्नई सुपर किंग्स को आईपीएल-3 का खिताब दिलाने वाले धोनी और गजनी से अपने बालीवुड कॅरियर का आगाज करने वाली असिन की दोस्ती की खबरें जोरों पर थीं। 21 अप्रैल को आईपीएल-3 का पहला सेमीफाइनल मुंबई इंडियंस और रायल चैलेंजर्स बंगलुरू के बीच था। धोनी उस वक्त मुंबई में ही थे। अगले दिन दूसरे सेमीफाइनल में चेन्नई सुपर किंग्स और डेक्कन चार्जर्स की भिडंत होने वाली थी। पहला सेमीफाइनल शुरू होने से ठीक पहले धोनी लोखंडवाला स्थित असिन के घर पहुंच गए। माही जैसे ही असिन की बिल्डिंग में पहुंचे, उन्हें देखने के लिए लोगों की भारी भीड़ जमा हो गई। वह जल्दी से अपनी कार से उतरे और असिन के फ्लैट के अंदर चले गए। माही ने पूरा मैच असिन के साथ उनके घर पर देखा। जब तक वह वहां रहे पूरी बिल्डिंग में अफरा-तफरी मची रही। असिन के पड़ोसियों में खुसर-फुसर भी होती रही। काफी देर तक बिल्डिंग के बाहर लोगों की भीड़ जमा रही। लेकिन धोनी के लिए राहत की बात ये रही कि जब मैच खत्म हुआ उस वक्त तक काफी रात हो चुकी थी और लोग अपने-अपने घरों में जा चुके थे। धोनी तब बिना किसी शोर शराबे के चुपके से वापस चले गए। मुंबई में धोनी अपनी पूरी टीम के साथ मौजूद थे। यहां उनके ढेर सारे दोस्त भी हैं। ऐसे में धोनी का असिन के फ्लैट पर जाकर मैच देखना चर्चा का विषय रहा कि दोनों के बीच में कुछ न कुछ जरुर था। धोनी और असिन की दोस्ती दिनोंदिन मजबूत होती जा रही थी। दोनों को कई बार साथ-साथ देखा गया था। दोनों एक ही प्रॉडक्ट के ब्रांड एंबेसडर भी हैं। और इस बहाने भी दोनों को साथ वक्त बिताने का मौका मिलता है। यानी एक बार फिर क्रिकेट और बालीवुड का संगम होने के कयास लगने लगे थे। माही के बर्थडे पार्टी में पहुंची असिन धोनी के काफी करीब आ गई थी। चर्चाओं के मुताबिक दोनों की बार-बार मुलाकातें भी होती थीं लेकिन इसकी शुरुआत करीब एक साल पहले हुई। जब दोनों एक विज्ञापन कंपनी के लिए शूटिंग कर रहे थे। इसके बाद तो दोनों के प्यार की गाड़ी चल पड़ी। भारतीय क्रिकेट का सुपर स्टार अभिनेत्री असिन की गुगली पर क्लीन बोल्ड हो गया । धोनी और असिन ने साथ में दो टीवी के कार्यक्रम भी किए। उसके बाद दोनों

को एक प्रॉडक्ट का ब्रांड अंबेसडर बनाया गया। गुड़गांव में इस प्रोडक्ट के प्रचार के सिलसिले में दोनों ने काफी वक्त साथ में बिताया। ब्रेक के दौरान एक-दूसरे के साथ कई गेम्स भी खेले। उसी वक्त दोनों के बीच केमेस्ट्री देखते ही बन रही थी। उसके बाद से ही धोनी और असिन की मुलाकातों का सिलसिला तेज हुआ। उसके बाद पिछले साल असिन को धोनी ने अपनी बर्थडे पार्टी में आमंत्रित किया। असिन भी तमाम व्यवस्तताओं के बावजूद धोनी की बर्थडे पार्टी में पहुंची। वैसे असिन का नाम कई लोगों के साथ जोड़ा गया है। बताया तो यह भी जाता है कि माही और असिन एक-दूसरे की कंपनी काफी इंज्वाय करते थे। दोनों को अपने व्यस्त कार्यक्रम से जब भी वक्त मिलता, वो एक दूसरे के साथ वक्त बिताना पसंद करते थे। ऐसे में अगर ये दोस्ती प्यार में तब्दील हो जाती तो कोई हैरत नहीं होनी थी। असिन साऊथ फिल्म इंडस्ट्री की बड़ी स्टार हैं। वहां भी उनकी और धोनी की नजदीकियों की काफी चर्चा हुई। वैसे असिन ने जबसे स्टारडम की तरफ कदम बढ़ाया है, तब से उनका नाम कई लोगों के साथ जोड़ा गया। लंदन ड्रीम्स में काम करने के दौरान सलमान खान के साथ उनके रोमांस के खूब चर्चे उड़े। बाद में उन्होंने इन खबरों को नकार दिया। कुछ वक्त पहले नील नितिन मुकेश के साथ उनकी नजदीकियों की खबरें थीं। दोनों कई बार डिनर पर गए। उसके बाद जान अब्राहम के साथ उनकी दोस्ती की खबरें उड़ीं। जान कई बार उन्हें अपनी बाइक पर घुमाने भी ले गए। धोनी, असिन की खूबसूरती के साथ-साथ उनकी मेहमाननवाजी के भी काफी कायल हैं। असिन धोनी की तूफानी बल्लेबाजी और उनकी कैप्टन कूल वाली इमेज से बेहद प्रभावित हैं। असिन ने अपने आपको धोनी की बहुत बड़ी फैन भी बताया है। असिन, धोनी की जिंदगी में आई पहली लड़की नहीं हैं और ना ही बालीवुड से धोनी का नाता नया है। इससे पहले धोनी का नाम दीपिका पादुकोण और साउथ इंडियन एक्ट्रेस लक्ष्मी राय के साथ जुड़ चुका है। इनके खेल के बारे में तो आए दिन चर्चा होती रहती है। इनकी निजी जिंदगी में क्या हो रहा है इस पर भी सबकी नजर रहती है। इनके रोमांस ने मीडिया में भी खूब सुर्खियां बटोरीं हैं। फिलहाल दीपिका भले ही धोनी से अलग हो गई हों लेकिन एक समय ऐसा भी था, जब वो धोनी को लेकर काफी चर्चा में आई। मैदान पर चौके-छक्कों की बरसात करने वाले धोनी के जलवे रैंप पर भी दिखे। लंबे बालों और किलर लुक्स के साथ धोनी की कानफिडेंट से भरी वाक किसी भी माडल को मात देने के लिए काफी

थे। रैंप पर दीपिका पादुकोण और धोनी ने कदम से कदम मिलाए और इसी दौरान शायद दोनों के दिल भी मिल गए। फिर तो धोनी के एक बुलावे पर दीपिका मैच देखने स्टेडियम जा पहुंची। मैच इनविटेशन के जवाब में दीपिका ने माही को फिल्म **ओम शांति ओम** की स्पेशल स्क्रीनिंग में बुलाने के लिए शाहरूख से गुजारिश तक कर डाली। 2007 के आस्ट्रेलिया दौरे के दौरान दीपिका आस्ट्रेलिया में थी। माही और धोनी एक दूसरे के करीब आ ही रहे थे कि दोनों के बीच युवराज सिंह आ गए। युवी और दीपिका की कहानी और आगे बढ़ पाती, उससे पहले ही दीपिका ने युवी से अपना नाता तोड़ दिया। इसके बाद वो अपने पुराने प्रेमी रणबीर कपूर के पास पहुंच गई। इधर, दीपिका के साथ ब्रेकअप के बाद माही लक्ष्मी राय के पास पहुंच गए। लक्ष्मी दक्षिण भारतीय फिल्मों की जानी मानी एक्ट्रेस हैं। आईपीएल-1 के दौरान दोनों की मुलाकात हुई जो बाद में नजदीकियों में बदल गई। खुद लक्ष्मी ने माना कि वो और माही एक दोस्त से ज्यादा हैं। टीम इंडिया के कप्तान परफार्मेंस को लेकर भले ही कांशस रहे हों, लेकिन अफेयर्स को लेकर खासे इंकांशस रहे हैं। माही के फैंस तो यही चाहेंगे कि इनकी आफफील्ड लाइफ का असर इनके आन फील्ड परफार्मेंस पर ना पड़े।

धोनी के प्रति दीवानगी फिल्मकारों में रही। डेविड धवन पहले निर्देशक हैं, जो किसी क्रिकेटर से डेट्स लेने के लिए उनके पीछे चक्कर काट रहे हैं। डेविड पिछले कुछ माह से धोनी के फुरसत में होने का इंतजार कर रहे हैं। दरअसल, इंडियन क्रिकेट टीम के कप्तान महेन्द्र सिंह धोनी की वजह से डेविड धवन की फिल्म अटक गई है। डेविड के पास जान अब्राहम और जेनिलिया डिसूजा के डेट्स तो हैं, लेकिन धोनी की डेट्स उन्हें नहीं मिल पा रही है। डेविड ने इस सिलसिले में धोनी से कई बार बात की, लेकिन कुछ हल नहीं निकला। धोनी कभी आईपीएल तो कभी वन डे या कभी टेस्ट मैच में इतने व्यस्त हो गए है कि उन्हें समय नहीं मिल पा रहा है। धोनी की वजह से डेविड अपनी फिल्म का क्लाइमेक्स सीन शूट नहीं कर पा रहे हैं। फिलहाल डेविड उस पल के बारे में सोच रहे हैं, जब उन्होंने धोनी को अपनी फिल्म की कास्टिंग में शामिल किया था। डेविड किसी और क्रिकेटर को लेकर क्लाइमेक्स सीन शूट नहीं कर सकते, क्योंकि धोनी के कुछ सीन शूट हो चुके हैं। बहरहाल, डेविड अपनी फिल्म के लिए धोनी से समय मांग रहे हैं लेकिन डेविड पर धोनी की मेहरबानी कब तक होगी, यह तो समय ही

बताएगा। धोनी के फैंस के कारण कई बार उनके साथ गए स्टारों को भी परेशानियों का सामना करना पड़ा है। सूरत के एक कार्यक्रम में धोनी को देखने वालों की भीड़ लग गई। इस कार्यक्रम में बिपाशा बसु को भी आना था। बिपाशा पांच सितारा होटल द ग्रैंड भगवती के उद्घाटन समारोह में भाग लेने के लिए आई थीं। बताया जा रहा है कि कार्यक्रम में भारी भीड़ के चलते धक्का-मुक्की में उनकी बाईं आंख के पास हल्की चोट भी आई। बिपाशा इस धक्का-मुक्की से इतना बिफर गईं कि उन्होंने समारोह के आयोजकों से भीड़ को नियंत्रित करने के लिए कुछ भी करने को कहा। यहां तक कि बिपाशा ने आयोजकों को धमकी दी कि यदि भीड़ पर काबू नहीं पाया गया, तो वह समारोह में हिस्सा लिए बिना ही चली जाएंगी। भीड़ को देखकर महेन्द्र सिंह धोनी ने चालाकी से सबका ध्यान अपनी ओर आकर्षित किया और बिपाशा को सुरक्षित आठवीं मंजिल पर स्थित उनके कमरे में ले जाया गया। धोनी के प्रति दीवानगी का यह तो कुछ ही नमूना है। इसके अलावा कई ऐसे कार्यक्रम रहे जहां धोनी के कारण आयोजकों को काफी परेशानी का सामना करना पड़ा।

5

इंडियन आर्मी में अफसर बने धोनी

न तो यहां हम किसी फिल्म की बात कर रहे हैं और ना ही किसी विज्ञापन की, जिसमें भारतीय कप्तान महेन्द्र सिंह धोनी को फौजी की भूमिका निभानी है, बल्कि यह रियल लाइफ में हुआ, जिसमें भारतीय कप्तान महेन्द्र सिंह धोनी को आर्मी अफसर बनाने की बात की गयी। देश को विश्व विजेता बनाने वाले कप्तान धोनी से खुश इंडियन आर्मी ने उन्हें लेफ्टिनेंट कर्नल बना दिया। भारतीय सेना के प्रमुख जनरल वीके सिंह ने महेंद्र सिंह धोनी को चाय पर बुलाया तब उनके साथ सुरेश रैना भी थे। जनरल सिंह के घर पर हुई इस मुलाकात में धोनी को रैंक देने का प्रस्ताव दिया गया था। धोनी ने यह पेशकश स्वीकार कर लिया और इंडियन आर्मी में आफिसर बन गए। धोनी इस उपलब्धि के बारे में कहते हैं कि उनके बहुत सारे दोस्त सेना में हैं और वह खुद भी हमेशा सेना में भर्ती होना चाहते थे। जनरल सिंह ने विश्व कप की जीत में धोनी के नेतृव की भूमिका को सराहा और भारतीय टीम के प्रदर्शन की तारीफ की। इससे पहले भारतीय पूर्व कप्तान कपिल देव को भी आर्मी ने अफसर बनाकर सम्मानित किया था, तो वहीं मास्टर ब्लास्टर सचिन तेंदुलकर को इंडियन एयर फोर्स ने पिछले साल ये सम्मान दिया था। इस सम्मान के बाद कप्तान धोनी ने कहा कि वह इंडियन आर्मी को दिल से सलाम करते हैं, क्योंकि वो हमारे देश के रियल हीरो हैं। उनकी तुलना किसी से नहीं की जा सकती है। वो देश के असली जांबाज है और उनके लिए हर भारतीय के दिल में सम्मान है। धोनी विश्व कप जीतने के बाद अलग-अलग अंदाज में नजर आएंगे उसमें सेना की वर्दी भी शामिल है। लेकिन मजेदार बात यह है कि

विश्व कप विजेता बनने के बाद धोनी ने अपना रूप -रंग बदल लिया है। धोनी ने देश को कप दिलाने के बाद अपने बाल दान कर दिये और कभी लंबे बालों के लिए मशहूर उनके प्रशंसकों ने उन्हें गंजे के रूप में भी देखा। उल्लेखनीय है कि शनिवार (2 अप्रैल 2011) रात को टीम इंडिया ने आईसीसी क्रिकेट वर्ल्डकप के फाइनल में श्रीलंका को 6 विकेट से हराकर खिताब अपने नाम किया था। इस जीत ने भारतवासियों को 28 साल बाद क्रिकेट का किंग बना दिया है। फिलहाल धोनी ने इस बात का खुलासा तो किया नहीं है कि उन्होंने जीत के दूसरे दिन ही बाल क्यों कटवाये, लेकिन टीवी न्यूज चैनल के मुताबिक धोनी ने मन्नत मानी थी कि अगर वो भारत को विश्वकप दिला पायेंगे तो वो अपने बालों को दान कर देंगे। यही कारण है कि धोनी गंजे हो गये थे।

6

धोनी की बाट जोहते गांव वाले

ऊंचे पहाड़ों के बीच सूखी हुई नदी के किनारे-किनारे, ऊबड़-खाबड़ पगडंडियों से मीलों पैदल चलकर पंहुचा जा सकता है, कुमांऊ के सुदूर ल्वाली गांव। इस छोटे से गांव में करीब 20-25 घर हैं। एक घर की देहली पर कुछ बूढ़े बैठे गप-शप कर रहे हैं। कुछ महिलाएं मवेशियों को दाना-पानी दे रही हैं और एक तरफ लकड़ी के ठूंठ से कुछ बच्चे क्रिकेट खेल रहे हैं। न सड़क, न स्कूल, न अस्पताल....। गांव के पिछड़ेपन को बयां करती ये तस्वीर उत्तराखण्ड के किसी भी गांव की हो सकती हैं, लेकिन ल्वाली एक आम नहीं, बेहद खास गांव है। ये विश्व क्रिकेट के जगमगाते सितारे, भारतीय क्रिकेट टीम के कप्तान महेंद्र सिंह धोनी का पुश्तैनी गांव है। सालों पहले धोनी के पिता पानसिंह नौकरी के लिए यहां से रांची चले गए थे हालांकि गांव से उनका जुड़ाव बना रहा। अब यहां उनके पुश्तैनी घर में धोनी के चाचा-चाची और कुछ और रिश्तेदार रहते हैं। अलमोड़ा से करीव 45 किमी दूर जयती नामक जगह तक सड़क जाती है और वहां से ल्वाली पैदल ही जाया जा सकता है। इस क्षेत्र की बदहाली का पता इसी से चल जाता है कि जयती के स्कूल में भी कई सालों से कोई अध्यापक नहीं हैं। अस्पताल में मवेशी चरते हुए देखे जा सकते हैं और तो और ल्वाली में पीने के साफ पानी की व्यवस्था भी नहीं है। कब आएंगे धोनी, लेकिन ल्वाली को धोनी पर गर्व बहुत है। ल्वाली में ज़िससे भी मिलो, वह यह बताने को आतुर रहता है कि वो धोनी से कैसें जुड़ा है या उसके परिवार के कितने निकट है और यह भी कि वह उस दिन का बेसब्री से इंतजार कर रहे हैं ज़ब धोनी अपने गांव आएंगे। इस

घोषणा पर जल्द ही अमल किया जाएगा और अगले कुछेक महीनों में सड़क का काम शुरू हो जाना चाहिए। धोनी के परिवार के एक करीबी किशन नेगी कहते हैं, धोनी आखिरी बार वर्ष 2003 में यहां अपने परिवार की एक शादी में आए थे और उसी दौरान उनका यज्ञोपवीत संस्कार हुआ था। उसके बाद कभी नहीं आए, जबकि हमारे गांव की प्रथा है शादी के बाद नव-विवाहित यहां आकर पूजा जरूर करते हैं। धोनी की शादी को एक साल होने जा रहा है, पता नहीं वे कब यहां आएंगे। यही सवाल धोनी के चाचा धनपत सिंह धोनी के सामने रखा, जो रिटायर्ड अध्यापक हैं, तो उनका कहना था कि धोनी यहां आना जरूर चाहते हैं, लेकिन कैसे आएं। हमारे यहां सड़क तक नहीं है और बिना सुरक्षा और व्यवस्था के वे कैसे आ सकते हैं। अगर सरकार इंतजाम कर देगी तो वे जरूर आएंगे। हमारी इच्छा होती है तो हम ही जाकर उनसे मिल आते हैं। पिछले महीने ही धोनी के माता-पिता परिवार की एक शादी में शमिल होने के लिए ऐसे ही पैदल सफर तय करके पंहुचे थे। जब पूरा देश विश्वकप के जश्न में डूबा हुआ था और धोनी पर इनामों की बरसात हो रही है, अनुकूल समय देखते हुए गांव के लोगों ने ल्वाली में सड़क बनाने की मांग कर दी है। उत्तराखंड सरकार ने भी धोनी को उत्तराखंड में घर देने और मसूरी में घर बनाने के लिए जमीन देने की घोषणा की है। साथ ही गांव के लोगों की मांग पर ल्वाली में भी सड़क बनाने का वायदा कर दिया गया है, लेकिन धोनी के चाचा इस घोषणा को संदेह से देखते हैं, ऐसी घोषणाओं का पालन बहुत अनिश्चित होता है। हम सालों से सरकार से गुजारिश कर रहे हैं कि ल्वाली के विकास के लिए कुछ करें, लेकिन कोई सुनता नहीं। गौरतलब है कि पिछली कांग्रेस सरकार के समय भी ल्वाली में सड़क बनाने की घोषणा हुई थी, लेकिन वह कोरी घोषणा ही रही। प्रशासन शायद इस बार गंभीर हो, ल्वाली को यही उम्मीद है। धोनी जब चाहें आएं, लेकिन कम से कम गांव के लोगों को अस्पताल और सड़क के लिये पैदल तो नहीं जाना होगा। जयती के एस.डी.एम. एन.एस. डांगी आश्वस्त करते हैं कि इस वादे पर जल्द ही अमल किया जाएगा और अगले कुछेक महीनों में सड़क का काम शुरू हो जाना चाहिए।

7

मोस्ट स्टायलिश क्रिकेटर आफ इंडिया

टीम इंडिया में इस समय पोस्टर ब्वाय क्रिकेटरों की कमी नहीं है। युवराज सिंह, जहीर खान, सुरेश रैना, इरफान पठान, रोहित शर्मा के रूप में एक से बढ़कर एक स्टायलिश खिलाड़ी हैं। लेकिन यदि किसी से भी सवाल किया जाए कि आज की तारीख में भारत का सर्वाधिक हैंडसम और सबसे ज्यादा स्टायलिश क्रिकेटर कौन है तो अधिकांश लोग एक ही जवाब देंगे और वह जवाब होगा- भारतीय क्रिकेट टीम के कप्तान महेंद्र सिंह धोनी का। धोनी आज केवल युवा वर्ग के लिए नहीं बल्कि हर वर्ग के लिए किसी हीरो से कम नहीं हैं। एक ऐसा सितारा जो हर जगह अपनी अमिट छाप छोड़े हुए है। करीब छह साल पहले जब धोनी पाकिस्तान के खिलाफ 148 रन की तूफानी पारी खेलकर पहली बार राष्ट्रीय स्तर पर चर्चा में आए थे, उसी समय से उनका स्टाइल क्रिकेट प्रेमियों व मीडिया के बीच बहस का विषय रहा है। गुजरते वक्त के साथ धोनी के प्रति लोगों की उत्सुकता में वृद्धि ही हुई है और यही उत्सुकता है जिसे भुनाने के लिए कारपोरेट जगत में होड़ लगी हुई है। इसी कारण आज की तारीख में महेंद्र सिंह धोनी विज्ञापन जगत का सबसे बड़ा ब्रांड बन चुका है। हाल ही में एक प्रबंधन समूह के साथ 200 करोड़ रुपए का अनुबंध करके धोनी ने तहलका मचा दिया। धोनी की जितनी तारीफ की जाए वह कम है, क्योंकि इस सितारे के नाम पर आज एक-दो नहीं ढेरों सारी उपलब्धियां हैं जो कि हर दिन जुड़ रही है। विश्व कप से लेकर धोनी के पास उपलब्धियों का खजाना भी है और मोस्ट स्टायलिश क्रिकेटर के रूप में ढेर सारे लोगों का एक हुजूम भी। धोनी जहां जाते हैं आज उनके प्रशंसकों की भीड़ एकत्र हो जाती है।

अपने कॅरियर की शुरुआत से ही धोनी किसी न किसी वजह से लगातार चर्चा में रहे हैं। खास बात यह है कि उन्हें चर्चा में लाने वाले फैक्टर कभी निगेटिव नहीं रहे। इस कारण उनकी आम भारतीयों के मध्य लोकप्रियता और स्वीकार्यता निरंतर बढ़ती गई। शुरू में धोनी अपने लंबे बालों और युवा लड़कियों के बीच जबर्दस्त फैन फालोइंग की वजह से चर्चाओं में हुआ करते थे। बाद में अभिनेत्री दीपिका पादुकोण, दक्षिण की टॉप एक्ट्रेस लक्ष्मी तथा असिन के साथ अपनी नजदीकियों की वजह से वे सुर्खियों में रहे। खास बात यह रही कि मैदान से इतर इन गतिविधियों का मैदान में धोनी के प्रदर्शन पर कभी कोई विपरीत प्रभाव पड़ता नजर नहीं आया। मीडिया में तमाम तरह की खबरें छपती रहीं लेकिन धोनी इसको लेकर कभी विचलित नहीं हुए और न ही कभी उन्होंने ऐसा कोई बयान दिया जिसकी वजह से किसी प्रकार का विवाद हुआ है। चर्चा में रहने के कारण उनके अंदर कभी इगो या बौखलाहट भी नहीं देखने को मिली। धोनी को नजदीक से जानने वाले बताते हैं कि धोनी स्वभाव से विनम्र हैं और यही विनम्रता उनके व्यक्तित्व में चार चांद लगाती है।

युवावस्था से ही कारों व बाइक्स के लिए धोनी के मन में विशेष आकर्षण रहा है। आज की तारीख में उनके पास कुल पांच सुपर लक्जरी फोर व्हीलर तथा 23 टू-व्हीलर मौजूद हैं। धोनी का मन अभी इनसे तृप्त नहीं हुआ है। वे अपने गैराज में कम से कम 30 बाइक्स खड़ी देखना चाहते हैं, गत वर्ष जनरल मोटर्स की बेहद चर्चित और महंगी कार गैस मजलर हमर को खरीदने के बाद उसके रजिस्ट्रेशन में हुई देरी के कारण धोनी कुछ कानूनी पेचीदगियों में भी फंस गए थे लेकिन उनका यह शौक इतना प्रबल है कि जिस गाड़ी पर दिल आ जाए, उसे अपनी बनाकर ही मानते हैं। कुछ दिनों पूर्व उन्हें पता चला कि कोलकाता पुलिस के पास एक पुरानी स्टायलिश यामाहा 350 सीसी बाइक नीलामी के लिए मौजूद है। तो वे अपनी सारी व्यस्तताओं से समय निकालकर लाल बाजार स्थित पुलिस हेडक्वार्टर पहुंच गए।

स्टाइल से रहने के शौकीन धोनी ने अपने लिए एक 9 एम.एम. पिस्टल भी सरकार से खास अनुमति लेकर खरीदी है। यह विदेशी पिस्टल अमेरिकन मिलिटरी द्वारा प्रमोट की जाती है। धोनी की एक बात के लिए तारीफ करनी होगी और वह है उनकी सामाजिक प्रतिबद्धता करीब दो दर्जन उत्पादों को (प्रमुख ब्रांड) एनडोर्स करने के बावजूद उन्होंने शराब, सिगरेट किसी भी गैर

सामाजिक उत्पाद के प्रचार के लिए पूर्ण मनाही कर रखी है। धोनी बाइक के साथ-साथ कारों के भी शौकीन है। गैस गजलर हमर (जनरल मोटर्स)- टैक्स सहित लगभग एक करोड़ रुपए कीमत वाली यह कार 17 फीट लंबी तथा सात फीट चौड़ी है। सिल्वर ग्रे रंग की इस गाड़ी का इंजन 6200 सीसी का है। फिलहाल भारत में यह गाड़ी कुछ गिने चुने नामचीन लोगों के पास ही है जिनमें फिल्म अभिनेता सुनील शेट्टी और पाप सिंगर मीका शामिल हैं। धोनी की यह कार शिपमेंट द्वारा दिल्ली तक आई थी। वहां से वे आर.पी. सिंह के साथ इसे लखनऊ होते हुए रांची ले गए।

धोनी के पास इस समय बाइक्स और कारों का जो काफिला है उसमें कुछ प्रमुख इस प्रकार है-

पजेरो (मित्सुबिशी मोटर्स)

दो स्कार्पियो (महिंद्रा मोटर्स)- इनमें से एक खुली छत वाली जीप है, जो धोनी को महिंद्रा समूह द्वारा गिफ्ट की गई है।

टोयोटा करोला (टोयोटा मोटर्स) यह गाड़ी झारखंड सरकार द्वारा धोनी को गिफ्ट दी गई है।

हीरो होंडा स्प्लेंडर।

हीरो होंडा हंक (यह लिमिटेड एडीशन बाइक है)।

यामाहा 650 स्पोर्ट्स बाइक।

कावासाकी निंजा।

कावासाकी जेड एक्स-14 आर बाइक इस आयातित बाइक की कीमत लगभग 17 लाख रुपए है।

हारले डेविडसन (यह इंपोर्टेड बाइक है)।

हीरो होंडा करिज्मा जेड एम आरपीजीएम-एफ आई- यह बाइक धोनी ने 2009 में आस्ट्रेलिया के खिलाफ नागपुर वन-डे में मैन आफ द मैच पुरस्कार के रूप में जीती थी।

8

महानतम कप्तान

धोनी सर्वश्रेष्ठ कप्तान हैं यह बात केवल क्रिकेट की दुनिया के लोग ही नहीं बल्कि राजनीति, साहित्य, खेल, वैज्ञानिक जगत की हस्तियां भी धोनी के कप्तानी के दीवाने लोगों का कहना हैं। इनके अलावा आम आदमी कर नज़र में धोनी भारत के महानतम कप्तान हैं। दो दशकों से दुनिया भर में अपनी सफलता का डंका बजाने वाले सचिन तेंदुलकर का कहना है कि जितने कप्तानों के साथ वे खेल चुके हैं, उन सब में महेन्द्र सिंह धोनी सर्वश्रेष्ठ हैं। भारतीय कप्तान की तारीफ करते हुए सचिन कहते हैं कि रणनीति बनाने में धोनी माहिर और चुस्त कप्तान हैं। 2011 का विश्व कप जीतने के बाद सचिन तेंदुलकर ने भारतीय टीम के सभी खिलाड़ियों समेत देश के सभी लोगों का धन्यवाद किया। पत्रकारों के सवालों का जवाब देते हुए सचिन ने कहा कि यह जीत पूरी टीम की मेहनत का फल है, कोई अकेला विश्व कप नहीं जीत सकता। उन्होंने कहा कि खेलते समय हर खिलाड़ी का ध्यान इसी पर रहता है कि वह कैसे और बेहतर प्रदर्शन कर सकता है। दो अप्रैल मेरे जीवन का सबसे महत्वपूर्ण दिन है। हम सभी खिलाड़ी एक-दूसरे के लिए खेले। सबसे बड़ी बात तो यह है कि हम देश के लिए खेले। सचिन ने कहा कि विश्व कप जीतना उनके जीवन का सपना था और वह आखिरकार पूरा हो ही गया। सचिन ने कहा वह दिन आ ही गया जिस मुकाम को हासिल कर पूरी टीम व भारतीय अपने को गौरवान्वित महसूस कर रहे हैं। सचिन ने कहा कि उन्हें 1987 विश्व कप का वह दिन आज भी याद है जब वह एक बाल ब्वाय थे और सुनील गावस्कर ने उन्हें ड्रेसिंग रूम ले जाकर सारे खिलाड़ियों से

मिलवाया था। संन्यास लेने के सवाल पर सचिन ने सभी अटकलों पर विराम लगाते हुए कहा कि यह समय देश के लिए जश्न मनाने का है न कि संन्यास के बारे में सोचने का। सचिन ने टीम इंडिया के कप्तान की तारीफ तो की ही, साथ ही कोच गैरी कर्स्टर्न के योगदान की भी सराहना की। उन्होंने कहा कि गैरी ने भी खिलाड़ियों के साथ कड़ी मेहनत की और वे चाहते हैं कि गैरी आगे भी काम करें, लेकिन अब वे अपने परिवार के साथ समय बिताना चाहते हैं। पूरी टीम को उनकी कमी जरूर खलेगी। सचिन के अलावा कपिल देव, सौरभ गांगुली, सुनील गावस्कर से लेकर राष्ट्रपति प्रतिभा देवी सिंह पाटिल, पूर्व राष्ट्रपति एपीजे अब्दुल कलाम, प्रधानमंत्री डा. मनमोहन सिंह, कांग्रेस अध्यक्ष सोनिया गांधी से लेकर तमाम हस्तियां धोनी के खेल की प्रेमी हैं और धोनी के नेतृत्व की सराहना भी करते हैं।

भारत को 1983 में विश्व कप जिताने वाले पूर्व कप्तान कपिल देव महेन्द्र सिंह धोनी की सराहना करते हुए कहते हैं कि वह एक गैम्बलर हैं, जो अपना दांव खेलने से कतई नहीं चूकते हैं। धोनी ने अपने बेहतरीन नेतृत्व से भारत को विश्व कप दिलाया है। धोनी एक साहसिक कप्तान हैं, जिनमें जोखिम उठाने की क्षमता है। कपिल का कहना है कि धोनी ने जब आफ स्पिनर आर. अश्विन को पाकिस्तान के खिलाफ सेमीफाइनल मैच से बाहर रखने का फैसला किया था, तो सभी ने एक स्वर में उनकी आलोचना की थी, लेकिन मैच के बाद आप देखें तो उनका तेज गेंदबाज आशीष नेहरा को खिलाने का फैसला कामयाब रहा। पाकिस्तान को 1992 में विश्व विजेता बनाने वाले इमरान भी धोनी की कप्तानी के मुरीद नज़र आए। इमरान का कहना है कि धोनी साहसिक और बोल्ड फैसले करने वाले कप्तान हैं और वह जो फैसले करते हैं, उससे पीछे नहीं हटते। वेस्टइंडीज को 1975 और 1979 में विश्व कप जिताने वाले कप्तान लायड का भी कहना है कि धोनी बोल्ड हैं और वह खतरे उठाना जानते हैं, लेकिन उनके लिए सबसे अच्छी बात यह है कि उनकी टीम में कई बड़े प्लेयर हैं, जो हर हाल में अपने कप्तान के फैसले का समर्थन करते हैं। धोनी को अपने साथियों के इस सहयोग का पूरा फायदा मिलता है। यही कारण है कि टीम इंडिया आज विश्व कप विजेता है। विश्व कप जीतने के बाद धोनी कहते हैं कि टीम ने टूर्नामेंट शुरू होने से पहले अपने सामने यह लक्ष्य रखा था और इसे हासिल कर देशवासियों को बेहतरीन तोहफा दे दिया। भारत की श्रीलंका के विरुद्ध खिताबी मुकाबले में जीत दर्ज करने के बाद धोनी

ने कहा कि हमारे खिलाड़ियों ने अपना शत-प्रतिशत उम्दा प्रदर्शन किया और यह कामयाबी इसका परिणाम है। धोनी ने साथ ही यह भी कहा कि मैंने इस मैच में कुछ फैसले लिए थे, जिस पर सवाल उठ रहे थे, लेकिन मुझे उम्मीद है कि अब ये सब सवाल फुस हो गए होंगे। यदि हम नहीं जीतते तो मुझसे और सवाल पूछे जाते। जैसे कि मैंने श्रीसंत को क्यों चुना, अश्विन को क्यों नहीं ? मैं बल्लेबाजी क्रम में युवराज से ऊपर क्यों आया ? आदि। इन बातों ने मुझे फाइनल में अच्छा प्रदर्शन करने के लिए प्रेरित किया। धोनी ने कहा कि पिछले मैचों में दबाव मुझ पर भारी पड़ जाता था, लेकिन इस मैच में मैं बल्लेबाजी क्रम में ऊपर आना चाहता था और मुझे कोच गैरी कर्स्टन तथा सीनियर खिलाड़ियों का पूरा समर्थन मिला। मैं खुद को साबित करना चाहता था और मैंने यह कर भी दिखाया। उन्होंने माना कि तीन विकेट खोने के बाद स्थिति काफी कठिन हो गई थी। सचिन और सहवाग आउट हो चुके थे, लेकिन गौतम गंभीर और विराट कोहली ने शानदार बल्लेबाजी की। गंभीर को अपना शतक पूरा करना चाहिए था, मगर वह इसे पूरा नहीं कर सके, जिसका उन्हें मलाल है। धोनी ने कहा, लक्ष्य का पीछा करते हुए हमें सभी से मदद मिली। हमने श्रीलंका के स्पिनरों पर दबाव बनाया और आखिर में शानदार जीत हासिल की। विश्व कप जीतने के बाद भाजपा की वरिष्ठ नेत्री और लोक सभा में नेता प्रतिपक्ष सुषमा स्वराज भी भारतीय कप्तान महेन्द्र सिंह धोनी की मुरीद हैं। विश्व कप के दौरान सिद्धार्थनगर जनपद के बांसी में भाजपा की रैली में भाग लेने के लिए जा रहीं सुषमा जब गोरखपुर में रुकीं, तो मीडिया ने उनसे बात की तो उन्होंने कहा कि धोनी में काबिलियत है और उन्होंने दिखा दिया है कि हारी हुई बाजी कैसे जीती जा सकती है। सुषमा ने कहा कि शुरुआती ओवरों में ही सलामी बल्लेबाज वीरेंद्र सहवाग और सचिन तेंदुलकर के आउट होने के बाद क्रिकेट फैंस निराश हो गए थे और लग रहा था कि अब भारत हार चुका है, लेकिन कप्तान महेन्द्र सिंह धोनी, गौतम गंभीर, विराट कोहली की गंभीर व सूझबूझभरी पारी ने मैच का पासा ही पलट दिया। विश्व कप का इतिहास रहा है कि कभी भी मेजबान टीम फाइनल नहीं जीत पाई है, लेकिन धोनी ने इस मिथक को भी तोड़ दिया। भारत के विश्व चैम्पियन बनने पर उत्तराखंड के मुख्यमंत्री रमेश पोखरियाल निशंक ने बधाई दी और भारतीय कप्तान महेन्द्र सिंह धोनी को उत्तराखंड रत्न देने की घोषणा की। मुख्यमंत्री ने कहा कि महेन्द्र सिंह धोनी ने वास्तव में देश को एक बड़ा योगदान दिया और

भारत को फिर से विश्व चैम्पियन बना दिया है। ऐसे में इन्हें उत्तराखंड की ओर से उत्तराखण्ड रत्न से नवाजा जाएगा। इसके अलावा मास्टर ब्लास्टर सचिन तेंदुलकर और धोनी को इस जीत की उपलब्धि के अवसर पर पहाड़ों की रानी मसूरी में आवास भी मुहैया कराया जाएगा। भारत ने 28 साल बाद एक बार फिर इतिहास दोहराकर यह बता दिया कि हम ही हैं विश्व चैम्पियन। 2011 का यह विश्व कप जीतने के साथ भारत अब तक कुल मिलाकर तीन बार विश्व चैम्पियन बन चुका है। धोनी के नेतृत्व में भारत ने कुल मिलाकर दो बार विश्व कप जीता है। वर्ष 2007 में धोनी ने भारत को टी-20 का विश्व चैम्पियन बना चुका हैं।

बालीवुड के सुपरस्टार अमिताभ बच्चन का मानना था कि यदि वह मैच देखेंगे, तो भारतीय टीम हार जाएगी, लेकिन उन्होंने शनिवार को टेलीविजन पर न केवल मैच देखा, बल्कि टीम की शानदार जीत के बाद सड़कों पर उतरकर लोगों के साथ जश्न भी मनाया। टीम की जीत से उत्साहित 68 वर्षीय अभिनेता अमिताभ बच्चन ने कहा कि अनहोनी को होनी कर दें, होनी को अनहोनी, एक जगह जब जमा हों तीनों रजनी, गजनी और धोनी। माइक्रोब्लागिंग वेबसाइट ट्विटर पर अमिताभ ने विश्व कप जीतने के बाद पोस्ट किया कि मैच देखने को लेकर मैं अंधविश्वास में रहता था कि हम मैच हार जाते हैं, लेकिन पता नहीं ऐसा क्यों होता है, लेकिन शनिवार को मैं धोनी के छक्का लगाने तक मैंने मैच देखा। बिग बी ने बड़े ही उत्साहित अंदाज में लिखा– दे घुमा के, घुमा के, घुमा के.....। अमिताभ ने कहा कि हम जीत गए। हम वर्ल्ड चैम्पियन बन गए। अमिताभ एक खुले वाहन में अपने पुत्र अभिषेक बच्चन और पुत्रवधु ऐश्वर्या राय बच्चन के साथ लोगों के बीच सड़कों पर जश्न मनाते नजर आए। ऐश्वर्या ने कहा कि यह काफी शानदार जीत थी। मैं इस जीत पर टीम और देश को बधाई देती हूं। विश्वकप का फाइनल मुकाबला देखने के लिए एक तरुफ जहां बालीवुड की नामचीन हस्तियां स्टेडियम पहुंची थीं, वहीं दूसरी ओर अभिषेक और ऐश्वर्या ने घर पर बैठकर ही मैच का लुत्फ उठाया। टीम की जीत के बाद दोनों ने अमिताभ के साथ घर के बाहर एकत्र हुए क्रिकेट प्रशंसकों के संग जीत का जमकर जश्न मनाया। विश्व कप जीतने के बाद टीम इंडिया के कई नामी क्रिकेटरों ने अपने विज्ञापन के रेट बढ़ा दिए हैं। इनमें कप्तान महेन्द्र सिंह धोनी, सचिन तेंदुलकर, युवराज सिंह और वीरेन्द्र सहवाग शामिल हैं। विज्ञापन इंडस्ट्री से जुड़े सूत्रों के अनुसार सबसे ज्यादा रेट सचिन

तेंदुलकर ने बढ़ाए हैं। वर्ल्डकप से पहले एक विज्ञापन के लिए जहां वह 4 से 5 करोड़ लेते थे, अब विश्व कप जीतने के बाद 8 से 10 करोड़ की मांग कर रहे हैं। इसके बाद कप्तान महेन्द्र सिंह धोनी का नाम आता है, जो विश्व कप से पहले 5 से 6 करोड़ लेते थे, लेकिन अब उनका रेट 8 से 10 करोड़ हो गया है। विश्व कप में लगातार चार मैचों में मैन आफ द मैच बनने के बाद युवराज सिंह की मांग भी बढ़ गई है। पहले वे ढ़ाई करोड़ लेते थे, लेकिन अब पांच करोड़ मांग रहे हैं। वीरेन्द्र सहवाग पहले दो करोड़ लेते थे, लेकिन अब उनका विज्ञापन रेट 3 से 4 करोड़ रुपये हो गया है। ऐसे में कई कंपनियां आईपीएल के उन खिलाड़ियों को तरजीह दे रही हैं, जिनकी ब्रांड वैल्यू तो काफी अच्छी है, लेकिन एड रेट कम।

भारत को 28 वर्षों के लंबे अंतराल के बाद क्रिकेट में विश्व विजेता बनाने वाले कप्तान महेन्द्र सिंह धोनी ने अपनी नेतृत्व क्षमता से दुनियाभर के क्रिकेट पंडितों को अपना मुरीद बना लिया और इस कड़ी में अब आस्ट्रेलिया के पूर्व कप्तान इयान चैपल का नाम भी जुड़ गया है। चैपल ने क्रिकेटइंफा डाट कॉम पर अपने लेख में धोनी को आधुनिक क्रिकेट के महान कप्तानों में से एक बताया है। उन्होंने कहा कि कप्तान धोनी ने जिस तरह इस टीम को संवारा है, उससे वह पिछले 30 वर्षों में हुए महान कप्तानों की श्रेणी में शुमार हो गए हैं। धोनी के प्रदर्शन ने उन्हें इमरान खान, मार्क टेलर और अर्जुन रणतुंगा की श्रेणी में लाकर खड़ा कर दिया है। विश्व कप में भारत की जीत ने साबित कर दिया है कि यह टीम इस समय दुनिया की बेहतरीन टीम है। टीम के पास पूर्व नंबर वन टीमों वेस्टइंडीज और आस्ट्रेलिया जैसी सशक्त गेंदबाजी नहीं है, लेकिन धोनी ने इसके बावजूद टीम इंडिया को नई ऊंचाई पर पहुंचा दिया। उन्होंने कहा कि धोनी ने जिस तरह साधारण गेंदबाजी आक्रमण के साथ विश्व कप जीता, वही काम रणतुंगा ने 1996 में किया था। विश्व कप में भारत के पास सर्वश्रेष्ठ कप्तान के साथ-साथ स्पिनरों को खेलने में सक्षम सर्वश्रेष्ठ बल्लेबाजी लाइनअप भी था। हालांकि चैपल ने साथ ही कहा कि धोनी के सामने सबसे बड़ी चुनौती भारत को टेस्ट रैंकिंग में लंबे समय तक नंबर एक की पोजिशन पर बनाए रखना है। भारत के पास विश्वस्तरीय तेज गेंदबाज नहीं हैं और हाल-फिलहाल किसी के उभरने की संभावना नहीं है। इसके अलावा टीम के तीन शीर्ष बल्लेबाज संन्यास लेने की तरफ बढ़ रहे हैं। ऐसे में धोनी के लिए टेस्ट रैंकिंग में टीम को लंबे समय तक नंबर एक बनाए रखना सबसे

बड़ी चुनौती है। उन्होंने कहा कि लेकिन धोनी इस बात से राहत महसूस कर सकते हैं कि हाल फिलहाल उनकी नंबर एक की कुर्सी को कोई खतरा नहीं है। चैपल ने कहा कि यह विश्व कप कई मायनों में शानदार रहा और हर टीम की कुछ न कुछ कमजोरी रही। कोई एक टीम खिताब की प्रबल दावेदार नहीं थी और टूर्नामेंट सभी के लिए खुला था। पिछले तीन विश्व कप में आस्ट्रेलिया का दबदबा रहा था। इस बार कुछ उलटफेर की जरूरत थी और ऐसा ही हुआ। उन्होंने कहा कि विश्व कप का अगर कोई सबसे कमजोर पहलू रहा तो वह था रेफरल सिस्टम। पूरे टूर्नामेंट के दौरान इस पर असमंजस की स्थिति रही और यह विवादों में घिरा रहा। आईसीसी के लिए यह जरूरी है कि वह विश्व कप को और दिलचस्प बनाने के उपाय करता रहे।

विश्व कप जीतने के बाद विश्व की प्रतिष्ठित पत्रिका टाइम ने अपने 100 सबसे प्रभावाली व्यक्तियों की सूची में महेन्द्र सिंह धोनी को शामिल किया है। धोनी ने न सिर्फ इस प्रतिष्ठित सूची में जगह बनाई है, बल्कि साथ ही अमेरिकी राष्ट्रपति बराक ओबामा को भी लोकप्रियता में पछाड़ दिया है। धोनी को टाइम ने 52वें स्थान पर रखा है। स्टार फुटबालर लियोनेल मेसी और यूएस राष्ट्रपति ओबामा धोनी से पीछे रह गए हैं। धोनी जो भी करते हैं, वह खबर बन जाती है। चाहे वह उनके बालों का अंदाज हो या मैदान पर विपक्षी टीम को पराजित करने के लिए रणनीति में बदलाव। टीम इंडिया ने धोनी की कप्तानी में नई ऊंचाइयों को छुआ है। 1983 में पहला वर्ल्ड कप जिताने वाले कप्तान कपिल देव हों या सबके चहेते पूर्व कप्तान सौरव गांगुली, सब धोनी की नेतृत्व क्षमता के मुरीद हैं। धोनी की कुछ खास उपलब्धियां हैं, 2007 ट्वेंटी-20 वर्ल्ड कप, 2007-08 की सीबी सीरीज जीत, आस्ट्रेलिया के विरुद्ध बार्डर-गावस्कर ट्राफी और 2011 वर्ल्ड कप। यह धोनी की ही कप्तानी का कमाल था कि भारत ने 20 साल बाद आस्ट्रेलिया का सूपड़ा साफ कर दिया। धोनी के अलावा चार और भारतीय हस्तियों को टाइम ने अपनी सूची में शामिल किया है। रिलायंस इंडस्ट्रीज के मालिक मुकेश अंबानी, न्यूरो साइंस के प्रोफेसर वी.एस. रामचंद्रन, विप्रो के मालिक अजीम प्रेमजी और सामाजिक कार्यकर्ता अरुणा राय भी इस प्रतिष्ठित सूची में शामिल हैं।

लोकप्रियता के मामले में धोनी लगातार अपने सहयोगियों को पीछे छोड़ते रहे हैं, धोनी की जान मास्टर ब्लास्टर सचिन तेंदुलकर से ज्यादा कीमती है। आईपीएल में चेन्नई सुपर किंग्स के कप्तान महेन्द्र सिंह धोनी का 34 करोड़

में बीमा कराया गया है, जबकि मुंबई इंडियंस के लिए खेल रहे सचिन तेंदुलकर का बीमा सिर्फ 12 करोड़ में किया गया है। इस मामले में सुरेश रैना भी सचिन से आगे हैं। उनका 20 करोड़ 5 लाख में बीमा कराया गया है। कोच्चि टीम के कप्तान महेला जयवर्द्धने का 20 करोड़ और डेक्कन चार्जर्स के डेल स्टेन का 16 करोड़ में बीमा कराया गया है। कारपोरट जगत के सूत्र बताते हैं कि ओरिएंटल इंश्योरेंस ने धोनी का 34 करोड़ का बीमा किया है। आईपीएल-3 में धोनी का बीमा 24 करोड़ में किया गया था। चेन्नई सुपर किंग्स ने 16 लाख की प्रिमियम राशि भी जमा करा दी है, जिसमें ट्रैवल रिस्क कवर, मेडिकल इमरजेंसी, व्यक्तिगत दुर्घटना शामिल है। यह सब धोनी की खेल प्रतिभा का ही कमाल है कि उनका आकलन सबसे ऊपर हो रहा है।

9

धोनी से सीखिए लीडरशिप का फंडा

खुद को एक बेस्ट लीडर या बतौर सर्वश्रेष्ठ नेतृत्वकर्ता कैसे विकसित किया जाए, यह रांची के साधारण परिवार से ताल्लुक रखने वाले असाधारण क्रिकेटर महेन्द्र सिंह धोनी से सीखा जा सकता है। धोनी संयमित तरीके से टीम लीडर की भूमिका ही नहीं निभा रहे हैं बल्कि अपने नेतृत्व के बल पर जो उपलब्धियां हासिल कर रहे हैं वह किसी बड़े मैनेजमेंट गुरु से कम नहीं है। धोनी ने जो सफलतम प्रयोग अपनाया उसकी हर जगह तारीफ़ की जा रही है। चाहे वह विश्व कप की जीत हो या फिर इससे पहले के कई टूर्नामेंटों की जीत, हर जगह धोनी के लीडरशिप की सराहना हो रही है। सनद रहे कि वर्ष 2005 के उस धोनी को जब श्रीलंका के खिलाफ 183 रन की पारी खेली थी। शतक ठोकने के बाद बल्ले को बंदूक की तरह आसमान की ओर तानते हुए फायरिंग की मुद्रा में धोनी के फोटो छपे थे। यह उनका आगाज था। उस वक्त पाकिस्तान के राष्ट्रपति जनरल परवेज मुशर्रुफ से लेकर जान अब्राहम सरीखी हस्तियां उनकी जुल्फों पर फिदा थे। ठीक दो साल बाद धोनी भारतीय टीम के उपकप्तान बने। एक अच्छे लीडर या नेतृत्वकर्ता का गुण होता है कि वक्त के साथ-साथ खुद को बदले। जिम्मेदारी मिलते ही सबसे पहले उन्होंने न केवल अपने बाल कटवाए, बल्कि खेलने का तौर-तरीका भी बदल दिया। यह जिक्र इसलिए है, क्योंकि तब तक विज्ञापन और मीडिया इंडस्ट्री में धोनी की ब्रांडिंग एक ग्लैमरस क्रिकेटर के तौर पर हो चुकी थी। इसके बावजूद आसमान की ऊंचाइयों के सपने देखने वाले धोनी ने अपने व्यक्तित्व को एकदम बदल डाला। फिर उन्हें कप्तानी मिली। वर्ष 2007 के आईसीसी ट्वेन्टी-20 विश्व कप में उन्हें कैप्टन कूल का तमगा मिला। धोनी घिसी-पिटी रवायतों या तौर-तरीकों पर नहीं चलते। उनमें हालात को समझने और

बेखौफ साहसिक फैसले लेने की अद्‌भुत क्षमता है। कई उदाहरण हैं जब उन्होंने विशेषज्ञों की आलोचनाओं को दरकिनार किया। मसलन ट्वेंटी-20 विश्व कप के फाइनल में जोगिंदर शर्मा को आखिरी ओवर देना या फिर आर. अश्विन जैसे अपने बेस्ट बालर की कीमत पर विश्व कप के सेमीफाइनल में आशीष नेहरा को लेना, जिन्हें साउथ अफ्रीका से मिली हार का जिम्मेदार माना गया था। अपनी टीम व खिलाड़ियों का मनोबल बढ़ाने में शायद ही कोई पूर्ववर्ती कप्तान उनके बराबर हो। ट्वेन्टी-ट्वन्टी विश्व कप जीतने के बाद जहां पूरी टीम जोश से सराबोर होकर नाच रही थी, वहीं धोनी बेहद शांत थे। कप लेने के बाद उन्होंने इसे अपने युवा खिलाड़ियों के हवाले कर दिया। इस जीत के बाद मुंबई में खुली बस पर सवार होकर निकले विजयी जुलूस में भी श्रीसंत व युवराज डांस कर रहे थे। भज्जी व सहवाग भी मस्ती में थे, पर धोनी वहां भी एकदम शांत व संयम। जश्न मनाने का सारा मौका वे हमेशा अपनी टीम को देते रहे। रही बात खुद के प्रदर्शन की, तो वनडे हो या टेस्ट या फिर ट्वेन्टी-20, हर जगह उन्होंने अपनी श्रेष्ठता को टीम के सदस्यों के लिए प्रेरणा बनाया। वह वर्ष 2008 व 2009 में आई.सी.सी. के प्लेयर आफ द ईयर रहे। विजडन की ड्रीम टीम के लिए भी उन्हें कप्तान घोषित किया गया था। बेहद शांत व संयम होने के बावजूद वे एक आक्रामक कप्तान हैं। यह सही है कि इंग्लैंड के खिलाफ लार्ड्स में जीत के बाद पूर्व कप्तान सौरभ गांगुली ने टी शर्ट उतारकर जो आक्रामकता दर्शायी थी, वह अभूतपूर्व थी, लेकिन धोनी उससे कहीं आगे निकल चुके हैं। माही की आक्रामकता उनकी बाडी लैंग्वेज में नहीं, बल्कि फैसलों में दिखती है। मीडिया से मुखातिब होने में उनका जवाब नहीं। एक-एक शब्द नपा-तुला। फिजूल की बयानबाजी नहीं। विवादों को कभी तूल नहीं देते। सहवाग के साथ मतभेद की खबरें भी उनके रवैये के कारण शांत हो गईं। एक खिलाड़ी और कप्तान के अलावा जबरदस्त व्यावसायिक सोच भी उनकी क्षमताओं में चार चांद लगाती है। वह 15 से अधिक अंतरराष्ट्रीय ब्रांड्स के लिए माडलिंग करते हैं। शाहरुख खान के साथ स्टेज शो में नाचते हैं और देश में सबसे ज्यादा इनकम टैक्स अदा करने वालों में शुमार किए जाते हैं। अब विश्व कप के फाइनल में धोनी अपनी टीम को पहुंचा चुके हैं। टीम जीते या हारे, पर इतना तय है कि महेन्द्र सिंह धोनी देश के उन करोड़ों युवाओं के लिए आदर्श बन चुके हैं, जो छोटे या मझोले शहरों में अपनी दुश्वारियों के बीच आसमान की ऊंचाइयों तक पहुंचने का सपना देखते हैं।

10

लौटी क्रिकेट में रौनक

दो सालों से भारत में ही नहीं, पाकिस्तान में भी लोग क्रिकेट से दूर हो रहे थे। ऐसा लग रहा था क्रिकेट का पर्याय आस्ट्रेलिया है। टेस्ट क्रिकेट और एकदिवसीय क्रिकेट सभी जगह आस्ट्रेलिया की ही तूती बोलती थी। भारत और पाकिस्तान के वनडे विश्व कप से पहले दौर में बाहर हो जाने के बाद दोनों देशों में क्रिकेट एक उबाऊ विषय हो गया था। ऐसा लग रहा था कि क्रिकेट की लौ मंद हो रही थी, लेकिन महेन्द्र सिंह धोनी को भारतीय क्रिकेट टीम की बागडोर मिलते ही मानो क्रिकेट में नूर आ गया । जोहानिसबर्ग में माही की टीम ने इंग्लैण्ड, दक्षिण अफ्रीका, आस्ट्रेलिया और पाकिस्तान को परास्त कर इतिहास रच दिया। सौरव, द्रविड और सचिन के बिना माही ने भारत को क्रिकेट के नए फारमेट का विश्व विजेता बना दिया। देशवासियों को तिरंगा लहराने का अवसर दे दिया। पूरा देश मानो झूम-झूम कर कह रहा हो माही तुम आ गये हो, नूर आ गया है। भारत के विश्व कप जीतने का अर्थ केवल मात्र यह नहीं है कि क्रिकेट में हम 24 साल बाद विश्व विजेता बने, बल्कि इसके और कई मायने हैं। भारतीय क्रिकेट 1999 के बाद बिल्कुल बदल गई। हरेक सीमित ओवरों की प्रतियोगिता में चैम्पियन रहने वाली भारतीय टीम 1999 के बाद फिसड्डी रहने लग गई थी। सचिन, अजहर, सौरव और द्रविड) जैसे बड़े खिलाड़ी क्रिकेट की किसी भी बड़ी प्रतियोगिता में भारतीय टीम के चैम्पियन बनने के साक्षी नहीं बन सके। इस दौरान आस्ट्रेलिया ने क्रिकेट को पूरी तरह से पकड़ लिया। ऐसा लग रहा था कि आस्ट्रेलिया को हराना नामुमकिन है, परन्तु महेन्द्र सिंह धोनी की यूथ ब्रिगेड ने सारा परिदृश्य ही बदल दिया। टीम ने एकजुट होकर प्रदर्शन किया। टीम ने अपनी मारक क्षमता को प्रदर्शित किया और अंतिम गेंद तक संघर्ष किया। इसका परिणाम

यह हुआ कि भारत ने छोटे स्कोर के सभी मैच जीते। टीम योजना बनाकर खेली। हर मैच से पूर्व गेम प्लान बनाया गया और वह प्लान कामयाब रहा। इस रणनीति के आगे आस्ट्रेलिया, दक्षिण अफीका और इंग्लैण्ड जैसी टीमें धराशायी हो गयी। धोनी की टीम ने दिखा दिया है कि क्रिकेट किसी एक देश की बपौती नहीं है और क्रिकेट में किसी भी टीम को हराया जा सकता है। आज एशिया महाद्वीप में एक बार फिर क्रिकेट में नूर आ गया है। भारत और पाकिस्तान दोनों टीमों ने एशिया उपमहाद्वीप में फिर से विश्वास कायम किया है कि क्रिकेट में हमारा कोई मुकाबला नहीं है। अब एक बार फिर भारतीय उपमहाद्वीप में क्रिकेट गली-मोहल्लों तक जाएगा और क्रिकेट में नई क्रांति आएगी। महेन्द्र सिंह धोनी ने क्रिकेट को नई सोच दी है। अब तक क्रिकेट में कप्तान को तानाशाह का प्रतीक माना जाता था। क्रिकेट में कप्तान को सर्वोपरि मानना क्रिकेट का अनुशासन कहलाता था। धोनी ने इस सोच को बदला। उनकी टीम में सभी खिलाड़ी कप्तानी का हिस्सा थे। वह निर्णय टीम के सदस्यों पर थोपता नहीं है, बल्कि निर्णय पर उनकी सहमति लेता है। टीम के सभी सदस्य सामूहिक जिम्मेदारी महसूस करते थे। मैदान में हरेक सदस्य को एक-एक रन बचाते हुए देखा जा सकता था। हरेक खिलाड़ी कप्तान और गेंदबाज को सलाह देने के लिए तैयार था और कप्तान उसकी सलाह को तवज्जो दे रहा था। ऐसा दृश्य भारतीय क्रिकेट में यदा-कदा ही देखने को मिलता था। धोनी ने क्रिकेट में प्रजातांत्रिक सोच को जन्म दिया है। महेन्द्र सिंह धोनी ने अपने सीमित साधनों का बुद्धिमत्तापूर्वक उपयोग किया। धोनी ने आर. पी. सिंह, हरभजन सिंह और श्रीसंत जैसे मुख्य गेंदबाजों के ओवर का उपयोग विपक्षी टीम के महत्त्वपूर्ण विकेट लेने के लिए किया और इनके ओवर पहले ही समाप्त कर विपक्षी टीम को दबाव में डाला तथा अंतिम ओवर साधारण गेंदबाज से करवाकर जोगिन्दर सिंह में विश्वास पैदा किया। उसकी कप्तानी प्रबधंन के लिए भी यह एक पाठ है। ट्वेन्टी-20 विश्वकप में भारत का चैम्पियन बनना एशिया उपमहाद्वीप के लिए वरदान साबित होगा। अब एक बार फिर इस उपमहाद्वीप में क्रिकेट की दीवानगी देखने को मिलेगी। भारतीय टीम में 1996 से 2003 तक वनडे विश्वकप में लगातार एशियाई टीमों की हार और आस्ट्रेलिया की लगातार सफलता से इस क्षेत्र में क्रिकेट से लोग दूर हो रहे थे। भारत के ट्वेन्टी- 20 विश्व कप जीतते ही इस क्षेत्र में क्रिकेट में नूर आ गया है, नहीं तो क्रिकेट की लौ मंद पड़ रही थी।

11

खेल-संस्कृति और धोनी

क्रिकेट आज एक ऐसा खेल बन गया है जिसके बारे में जो नहीं बातचीत करता है उसे दूसरे या तो मूर्ख या फिर आउटडेटेड समझते हैं। विश्व कप क्रिकेट मैच के दिन जिस तरह से सरकारी और गैर सरकारी दफ्तरों तक में अवकाश रहा। उसे देखते हुए यह खेल एक तरह से अब हमारी जरूरतों में शामिल हो गया है। जिस समय आईपीएल मैच चल रहा होता है तो लोग दिनभर दफ्तरों में काम करने के बाद जब घर पहुंचते हैं तो आराम करने के बजाय एकटक टेलीविजन के सामने बैठ मैच का लुत्फ उठाते हैं। यह जानते हुए भी कि क्रिकेट का विश्व कप हमारे पास है और उसके सामने यह तमाम मैच कही नहीं ठहरते, फिर भी क्रिकेट देखने का जोश और जुनून ऐसा है कि सभी इसके दीवाने होते जा रहे हैं। मेरे जानने वाले और रोम साहित्य पर कई शोध पुस्तकों के लेखक पद्मश्री डा. श्याम सिंह शशि कहते हैं कि पहले जब बच्चे खेलते थे तो उनके माता-पिता कहते थे कि पढ़ोगे-लिखोगे बनोगे नवाब खेलोगे-कूदोगे होंगे खराब। लेकिन आज ऐसा नहीं है। अब तो हर बच्चे के मां-बाप चाहते हैं कि उनका बेटा सचिन/ धोनी और लड़की सानिया मिर्जा बने। वह बताते हैं कि चौधरी चरण सिंह क्रिकेट को समय की बर्बादी कहा करते थे। उनकी सोच भी कुछ ऐसी ही थी। कुछ अन्य लेखक और बुद्धिजीवी भी क्रिकेट को अंग्रेजों की दासता का प्रतीक मानते थे, क्योंकि यह खेल न तो अमेरिका में खेला जाता है और न ही रूस-चीन या जापान में, किन्तु, इसका मतलब यह नहीं कि हम खेल विरोधी हैं। शशि बताते हैं कि बचपन में वह भी बालीबाल और हॉकी खेला करते थे। उन दिनों गांव में क्रिकेट को कोई नहीं जानता था, इसीलिए उन्हें आज तक चौका-छक्का अथवा

एलबीडब्ल्यू आदि शब्दों का सही-सही अर्थ समझ में नहीं आया। हां, जब कभी कोई खिलाड़ी विश्व स्तर पर विजयश्री पाता है, तो अन्य खेल प्रेमियों की तरह उन्हें भी प्रसन्नता होती है। ध्यानचन्द हॉकी के जादूगर माने जाते हैं और आज भी वह शशि के मन-मस्तिष्क में एक जादूगर के रूप में ही समाए हुए हैं। उनके दक्षिण भारतीय मित्र के बी. गोपालरत्नम, जिन्हें उन्हें बड़े भाई की तरह सम्मान दिया। वे अंग्रेजी अखबारों के लिए क्रिकेट पर खूब लिखते थे। शुरू में वह सनकी समझा करते थे, किन्तु बाद में उनकी प्रेरणा के कारण शशि पर भी खेल-संस्कृति का जादू चढ़ने लगा। एन्थ्रोपोलोजिस्ट होने के नाते शशि जी नेट्राइबल गेम्स पर एक पुस्तक हिंदी-अंग्रेजी में लिखनी शुरू की थी, लेकिन उसे वह पूरी नहीं कर पाये। उनके इक्के-दुक्के लेख जरूर कभी एनसीसी की कैडेट्स पत्रिका में छपे। वह बताते हैं कि उनके जमाने में दफ्तरों में लोग पूरे दिन क्रिकेट की कमेंट्री सुना करते थे और उस दौरान किसी से कोई काम कहने पर वह ऐसे मुंह बनाता था जैसे उसके ऊपर किसी ने घड़ों पानी उड़ेल दिया हो। आज भी लगभग ऐसी ही स्थिति है।

दो अप्रैल 2011 का ऐतिहासिक दिवस। एक ओर सुरक्षा को लेकर पुलिस-तंत्र की परीक्षा तो दूसरी ओर दो विदेशी वीआईपी राजनेताओं तथा खिलाड़ियों के नखरे। सबको झेल रही थी दिल्ली सरकार यानी भारत सरकार। मैं भी उस दिन टीवी से चिपका हुआ था। पता नहीं क्रिकेट का विरोधी स्वर आज कहां मौन हो गया था ! शायद यह राष्ट्रीय अस्मिता की मन:स्थिति थी। देश-विदेश के करोड़ों खेल-प्रेमी मेरी तरह अपने घरों में बंद होकर टीवी के सामने खेल के प्रत्येक क्षण का आनंद ले रहे थे। जिन्हें टिकट मिल गया, वे उस दिन फूले नहीं समा रहे थे। ब्लैक मार्केट, ब्लैक मनी और सब कुछ ब्लैक, ब्लैक-ब्लैक, क्या यही भारतीय संस्कृति है, आज मेरे जैसे स्वतंत्रता-सेनानी परिवार के बालक ने कभी नहीं सोचा था कि इस प्रकार का भारत देखना पड़ेगा।

आज टीवी के सैकड़ों चैनल हैं, जिनमें कुछेक कवरेज दे रहे थे। खेल संस्कृति में भारतीय मानस पूरी तरह से रंग गया था। लगता था जैसे हम कोई होली-दिवाली पर्व को मना रहे हैं। भारत-पाक का मुकाबला! पता नहीं यह कौन-सी खेल-संस्कृति दोनों देशों में फली-फूली, जो इतना अधिक रोचक, थ्रिलिंग तथा जोशो-खरोश लिए है। अन्य देशों के साथ इस प्रकार के मुकाबले होते हैं, तो ऐसा जज्बा दिखाई नहीं पड़ता। भारत के प्रधानमंत्री डॉ. मनमोहन

सिंह ने पाक प्रधानमंत्री गिलानी को क्रिकेट देखने के लिए आमंत्रित किया। बड़े बे-आबरू होकर तेरे कूचे से हम निकले यह मिसाल अब उन पर लागू नहीं होगी, क्योंकि खेल संस्कृति ने इसे पीछे धकेल दिया है। अब जीत-हार को युद्ध की तरह नहीं लिया जाता। इसका आनंद खेल की तरह ही लिया जाने लगा है। अब निश्चय ही स्वस्थ खेल-भावना विकसित होती जा रही है।

ओह, यह अचानक क्या हुआ! पहली पारी में पाकिस्तान की हार पर भारत की जीत का जश्न मनाया जा रहा था, किन्तु दूसरी पारी में हमारे विकेट गिरने लगे। वीरेन्द्र सहवाग तक साथ छोड़ गए। सचिन भी पूरा शतक नहीं बना पाए, भले ही युवराज मैन आफ द टूर्नामेंट रहे हों। सचिन का सपना टूटता दिखाई पड़ा तो धोनी मैदान में उतरे। सबकी नजरें कप्तान पर टिकी थीं। दर्शकों के दिल बैठे जा रहे थे। धोनी अपने फार्म में थे, बड़ी सूझ-बूझ, धैर्य और साहस का साक्षात रूप देखा था- मैंने धोनी में उस दिन। क्या गजब का बल्ला लिए हो प्रियवर, धन्य है तुम्हारी जननी, जिसने तुम जैसे विलक्षण पुत्र को जन्म दिया। तुम्हारी विजय! तुम्हारी टीम की विजय! देश की विजय! भारत मां की विजय! क्रिकेट की विजय! खेल संस्कृति की विजय! काश, मैं आज तुम्हारी तरह युवा होता, तो तुम पर एक महाकाव्य ही लिख मारता। अब खेलों के प्रति मेरी अवधारणा तथा चिंतन में आमूलचूल परिवर्तन आ गया था।

कामनवेल्थ गेम्स से पूर्व हमारे प्लेयर रेस, रेसलिंग, निशानेबाजी, पहलवानी आदि में अनेक देशों को पछाड़ चुके थे। अन्य गेम्स की भी पहचान बनने लगी है। एक नई संस्कृति का उदय हुआ और वह है, सर्वांगीण खेल संस्कृति, जिसका श्रेय हमारे उन गुमनाम विजेता खिलाड़ियों को जाता है, जिन्होंने विश्व में आन-बान-शान के साथ भारत का नाम रोशन किया। भारत मां की लाज रखी और युवा शक्ति में प्राण फूंके।

एक बात और- महेन्द्र सिंह धोनी के लिए। धोनी मेरे गृह राज्य उत्तराखंड से आते हैं, भले ही उन पर झारखंड का कब्जा हो गया हो। उनकी जीवन संगिनी भी उत्तराखंड की हैं, जो बड़ी लकी हैं- धोनी के लिए भी। यह पर्वत-पुत्री और पर्वत-पुत्र भारत के गौरव हैं।

और अंत में एक और विचार- क्रिकेट देखें, खेलें, आनन्द लें, किन्तु क्रिकेट के बुखार से बचें। जीत-हार के ज्वार से बचें। गीता के शब्दों को गले लगाएं। जीवन संतुलन से जीना सीखें। खेल के ग्लैमर को दीन-हीन-मानव से जोड़कर देखें। खेलना है तो वंचित समाज के लिए खेलें। उन्हें भी कुछ देना

है। खेल संस्कृति से- ग्रामीण संस्कृति, पर्वतीय संस्कृति, आदिवासी संस्कृति तथा संपूर्ण भारतीय संस्कृति की भी अनेक अपेक्षाए हैं। करोड़ों रुपए का प्रलोभन छोड़कर अन्ना हजारे की तरह भ्रष्टाचार पर अपने बल्लों का प्रहार करें।

इतिहास को जानने वाले शशि कहते हैं कि हमारे देश की खेल संस्कृति हमें यूनान की खेल संस्कृति से जोड़ती है तथा आज हमें चन्द्रगुप्त मौर्य कालीन खेलों की ओर उन्मुक्त करती है। उन्हें लगता है कि आज खेल मंत्रालय अथवा राज्य सरकारों कों भूले-बिसरे खेलों तथा खिलाड़ियों पर शोध कराने, ऐतिहासिक साहित्य प्रकाशित करने, खेल के लिए खेल की भावना का संदेश देने वाली पुस्तकें प्रकाशित करनी चाहिए। इससे देश में न केवल खेल को प्रमोट किया जा सकता है बल्कि आज जो खेल संस्कृति पैदा हुई है उसे और ज्यादा लोकप्रिय बनाया जा सकता है।

12

रिकाड्र्स के आइने में धोनी

अपने छोटे से अंतरराष्ट्रीय कॅरियर में महेंद्र सिंह धोनी ने वन-डे और टेस्ट क्रिकेट में कई विश्व रिकार्ड बना डाले हैं।

इंग्लैंड के खिलाफ लीड्स में 2 सितंबर, 2007 को खेले गए वन-डे मैच में महेंद्र सिंह धोनी ने विकेट के पीछे छह खिलाड़ियों को अपना शिकार बनाया और एक पारी में सबसे ज्यादा खिलाड़ियों को आउट करने के विश्व रिकार्ड को बराबर किया। उनसे पहले आस्ट्रेलिया के एडम गिलक्रिस्ट चार बार, दक्षिण अफ्रीका के मार्क बाउचर, वेस्टइंडीज के रैडली जैकब्स और इंग्लैंड के एलेक स्टीवर्ट ने ऐसा एक-एक बार किया था। बाद में एडम गिलक्रिस्ट दो बार और मैट प्रायर ने एक बार छह खिलाड़ियों को आउट करके यह रिकार्ड बराबर किया है।

श्रीलंका के खिलाफ जयपुर में 31 अक्टूबर, 2005 को खेले गए मैच में महेंद्र सिंह धोनी ने 145 गेंदों पर 15 चौकों और 10 छक्कों की मदद से आउट हुए बिना 183 रन बनाए थे, जो किसी भी विकेटकीपर की वन-डे क्रिकेट में सबसे बड़ी पारी थी। इससे पहले यह रिकार्ड आस्ट्रेलिया के एडम गिलक्रिस्ट के पास था जो जिंबाब्वे के खिलाफ होबर्ट में 16 जनवरी, 2004 को 126 गेंदों पर 13 चौकों और तीन छक्कों की मदद से 172 रन बनाने में सफल रहे थे।

एक पारी में सबसे ज्यादा छक्के लगाने का रिकार्ड वेस्टइंडीज के जेवियर मार्शल के पास है, जिन्होंने कनाडा के खिलाफ किंग सिटी में 22 अगस्त, 2008 को अपनी अविजित 157 रन की पारी में 12 छक्के लगाए थे। किसी विकेटकीपर के जरिए एक पारी में सबसे ज्यादा छक्के मारने का रिकार्ड महेंद्र

सिंह धोनी और मार्क बाउचर के पास है। महेंद्र सिंह धोनी ने श्रीलंका के खिलाफ आउट हुए बिना 183 रन की पारी में 10 छक्के मारे थे जबकि दक्षिण अफ्रीका के मार्क बाउचर ने जिंबाब्वे के खिलाफ आउट हुए बिना 147 रन की पारी के दौरान ऐसा किया था। न्यूजीलैंड के ब्रैंडेन मैक्कुलम ने भी आयरलैंड के खिलाफ अपनी 166 रन की पारी में 10 छक्के मारे थे, पर उस मैच में वह विकेटकीपर नहीं थे। वन-डे क्रिकेट में अभी तक जो नौ खिलाड़ी 200 से ज्यादा खिलाड़ियों को अपना शिकार बनाने में सफल रहे हैं। उसमें महेंद्र सिंह धोनी भी हैं। वह ऐसा करने वाले एकमात्र भारतीय विकेटकीपर हैं। वन-डे क्रिकेट में छठे विकेट की साझेदारी का रिकार्ड 218 रन का है, जो महेंद्र सिंह धोनी और श्रीलंका के महेला जयवर्द्धने ने एशिया इलेवन के लिए खेलते हुए अफ्रीका इलेवन के खिलाफ चेन्नई में 10 जून, 2007 को बनाया था।

महेंद्र सिंह धोनी ने जब श्रीलंका के खिलाफ जयपुर में 31 अक्टूबर, 2005 को आउट हुए बिना 183 रन बनाए, जो तीसरे नंबर पर बल्लेबाजी करते हुए बनाया गया सबसे बड़ा स्कोर था। बाद में जिम्बाब्वे के चार्ल्स कांवेंट्री ने 156 गेंदों पर 16 चौकों और सात छक्कों की मदद से बांग्लादेश के खिलाफ बुलवायो में 16 अगस्त, 2009 को आउट हुए बिना अविजित 194 रन बनाकर धोनी का रिकार्ड तोड़ दिया था।

टेस्ट क्रिकेट में महेंद्र सिंह धोनी का सबसे ज्यादा स्कोर 148 रन है, जो उन्होंने पाकिस्तान के खिलाफ फैसलाबाद में 2005-06 में बनाया था। यह भारत के लिए टेस्ट क्रिकेट में किसी भारतीय विकेटकीपर का तीसरा सबसे ज्यादा स्कोर है। बुधी कुंदरन का तीसरा सबसे ज्यादा स्कोर है। बुधी कुंदरन के इंग्लैंड के खिलाफ चेन्नई में 1963-64 में बनाये गए 192 रन भारत के लिए टेस्ट क्रिकेट में सबसे बड़ी पारी है। नयन मोंगिया ने आस्ट्रेलिया के खिलाफ दिल्ली में 1996-97 में 152 रन बनाए थे, जब भारत के लिए किसी विकेटकीपर का यह दूसरा सबसे बड़ा स्कोर था।

वन-डे क्रिकेट में धोनी 82 मैचों में से 47 जीतने में सफल रहे हैं, जबकि टेस्ट क्रिकेट में उन्होंने 17 में से सात मैचों में टीम को जीत दिलाई है।

13

धोनी की टाप 10 पारियां

भारत के कप्तान महेंद्र सिंह धोनी लगभग पांच साल से अंतरराष्ट्रीय क्रिकेट खेल रहे हैं और इस दौरान उन्होंने कई बार अच्छी पारियां खेली हैं। प्रस्तुत हैं उनकी 10 सबसे अच्छी पारियां:-

पाक के खिलाफ 148 रन- पाकिस्तान के खिलाफ फैसलाबाद में जनवरी, 2006 में पाकिस्तान के खिलाफ खेले गए टेस्ट मैच में धोनी ने 229 मिनट में 153 गेंदों पर 19 चौके और चार छक्कों की मदद से 148 रन बनाए। जिस समय वह खेलने आए थे उस समय भारत का स्कोर चार विकेट पर 258 रन था। धोनी ने जमकर पाकिस्तानी गेंदबाजों का मुकाबला किया और इरफान पठान के साथ छठे विकेट की साझेदारी में 210 रन जोड़े, जो पाकिस्तान के खिलाफ छठे विकेट की सबसे बड़ी साझेदारी है। इस साझेदारी के बाद भारत ने पाकिस्तान के 588 रन के जवाब में 603 रन बनाए। महेंद्र सिंह धोनी इस पारी को टेस्ट मैचों की सबसे अच्छी पारी मानते हैं।

वेस्ट इंडीज के खिलाफ 69 रन- महेंद्र सिंह धोनी एक धुआंधार बल्लेबाज हैं, पर टेस्ट क्रिकेट में उन्होंने बहुत कम बार ही आतिशी बल्लेबाजी का प्रदर्शन किया है। वेस्टइंडीज के खिलाफ सेंट जोंस में 2006 में खेले गए टेस्ट में उन्होंने 52 गेंदों पर चार चौकों और छह छक्कों की मदद से 69 रन बनाए थे।

श्रीलंका के खिलाफ नाबाद 100 रन- श्रीलंका के खिलाफ मुंबई में 2009-10 में भारत का टेस्ट क्रिकेट में सबसे ज्यादा स्कोर नौ विकेट पर 726 रन है, जो उसने मुंबई में 2009-10 में श्रीलंका के खिलाफ बनाया था। भारत के इस स्कोर में महेंद्र सिंह धोनी के आउट हुए बिना बनाए गए 100 रन

शामिल थे, जो उन्होंने 154 मिनट में 154 गेंदों पर तीन चौकों और छह छक्कों की मदद से बनाए थे।

श्रीलंका के खिलाफ नाबाद 183 रन- श्रीलंका के खिलाफ जयपुर में 31 अक्टूबर, 2005 को खेले गए मैच में महेंद्र सिंह धोनी ने 145 गेंदों पर 15 चौकों और 10 छक्कों की मदद से आउट हुए बिना 183 रन बनाए, जो वन-डे क्रिकेट में किसी विकेटकीपर की सबसे बड़ी पारी थी। माही की इस पारी से भारत ने बाद में बल्लेबाजी करते हुए 300 से ज्यादा रन बनाकर मैच जीता था।

पाक के खिलाफ 148 रन- पाकिस्तान के खिलाफ विशाखापत्तनम में 5 अप्रैल, 2005 को अपने कॅरियर के पांचवें वन-डे मैच में महेंद्र सिंह धोनी ने 123 गेंदों पर 15 चौकों और चार छक्कों की मदद से 148 रन बनाए और भारत को पाकिस्तान के खिलाफ सबसे बड़ा स्कोर (50 ओवर में नौ विकेट पर 356 रन) बनाने में मदद की।

आस्ट्रेलिया के खिलाफ 124 रन- भारत का आस्ट्रेलिया के खिलाफ सबसे ज्यादा स्कोर 50 ओवर में सात विकेट पर 354 रन है, जो उसने 28 अक्टूबर, 2009 को नागपुर में बनाया था। धोनी ने 124 रन 107 गेंदों पर नौ चौकों और तीन छक्कों की मदद से बनाए थे।

श्रीलंका के खिलाफ 100 रन- श्रीलंका के खिलाफ अहमदाबाद में 2009-10 में श्रीलंका के खिलाफ खेले गए टेस्ट मैच में भारत के पांच खिलाड़ी 157 रन पर आउट हो चुके थे। धोनी ने राहुल द्रविड़ के साथ छठे विकेट की साझेदारी में 224 रन जोड़े और भारत को 426 रन बनाने में मदद की। धोनी ने 200 मिनट में 159 गेंदों पर 10 चौकों और एक छक्के की मदद से 110 रन बनाए थे।

श्रीलंका के खिलाफ 46 रन- मोहाली में 12 दिसंबर, 2009 को खेले गए टी-20 मैच में श्रीलंका ने भारत के खिलाफ 20 ओवर में सात विकेट पर 206 रन बनाकर यह समझ लिया था कि वह मैच जीत जाएंगे। महेंद्र सिंह धोनी ने एक कप्तान की पारी खेली और 28 गेंदों पर तीन चौके और दो छक्कों की मदद से 46 रन बनाए, जिसके बाद भारत को 19.1 ओवर में चार विकेट पर 211 रन बनाकर मैच जीतने में कोई परेशानी नहीं हुई।

अफ्रीका इलेवन के खिलाफ नाबाद 139 रन- अफ्रीका इलेवन के खिलाफ चेन्नई में 10 जून, 2007 को खेलते हुए महेंद्र सिंह धोनी ने 97 गेंदों पर 15 चौकों और पांच छक्कों की मदद से आउट हुए बिना 139 रन बनाए।

उन्होंने महेला जयवर्द्धने के साथ छठे विकेट के लिए 218 रन जोड़े, जो इस विकेट की वन-डे क्रिकेट में सबसे बड़ी साझेदारी है।

स्कोर 92 रन- इंग्लैंड के खिलाफ ओवल में 2007 में खेली गई 92 रन की पारी बेहद खास थी क्योंकि तब उन्होंने 81 गेंदों में नौ चौकों और चार छक्कों की मदद से 92 रन बनाए थे।

महेंद्र सिंह धोनी वन-डे क्रिकेट में अपनी जीतों की हाफ सेंचुरी पूरी करने वाले भारत के तीसरे और कुल मिलाकर 19वें कप्तान हैं। आस्ट्रेलिया के खिलाफ विशाखापत्तनम में पांच विकेट की कामयाबी माही की कप्तानी में 88वें मैच में 50वीं थी। 88 में से 31 मैचों में महेंद्र सिंह धोनी को हार मिली है, जबकि सात मैच परिणाम रहित रहे हैं। बांग्लादेश के खिलाफ 23 दिसंबर, 2004 को चटगांव में पहला वन-डे मैच खेलने वाले महेंद्र सिंह धोनी ने 84 वन-डे मैच खेलने के बाद आस्ट्रेलिया के खिलाफ बंगलौर में 29 सितंबर, 2007 को पहली बार भारत की कप्तानी की थी। भारत में खेले 30 मैचों में से महेंद्र सिंह धोनी ने 16 जीते, 12 हारे और दो मैच परिणाम रहित रहे हैं, जबकि भारत से बाहर 58 वन-डे मैचों में से 34 में उन्हें कामयाबी मिली है, 19 में हार हुई और पांच मैच अधूरे रहे हैं। भारत को वन-डे क्रिकेट में सबसे ज्यादा जीत मोहम्मद अजहरुद्दीन ने दिलाई है। उन्होंने 174 वन-डे मैचों में भारत की कप्तानी की, जिसमें से 90 में जीत प्राप्त हुई, 76 में हार, छह मैच अधूरे और दो मैच टाई रहे। सौरव गांगुली ने 147 वन-डे मैचों में भारत की कप्तानी की है, जिसमें से 76 में जीत मिली, 66 में हार हुई और पांच मैच अधूरे रहे।

सबसे कम मैचों में जीत की हाफ सेंचुरी पूरी करने का रिकार्ड संयुक्त रूप से आस्ट्रेलिया के रिकी पोंटिंग और वेस्टइंडीज के क्लाइव लायड के पास है। दोनों कप्तानों ने अपने 63वें मैच में 50वीं जीत प्राप्त की। क्लाइव लायड ने 63 में से 50 मैच जीते और 17 हारे थे, जबकि रिकी पोंटिंग ने 63 में से 50 मैच जीते, 10 हारे, एक टाई और दो मैच अधूरे रहे। दक्षिण अफ्रीका के हैंसी क्रोनिए ने अपनी 50वीं जीत 68वें वन-डे मैच में प्राप्त की थी। उन्होंने 50 मैच जीतने से पहले 17 मैच हारे, जबकि एक मैच अधूरा रहा था।

आस्ट्रेलिया के रिकी पोंटिंग को वन-डे क्रिकेट में सबसे ज्यादा मैच जीतने का गौरव प्राप्त है। उन्होंने 220 में से 160 मैचों में जीत प्राप्त की है, 47 मैचों में उन्हें हार मिली है जबकि 13 मैच परिणाम रहित रहे हैं, जिसमें दो टाई मैच भी शामिल हैं।

कुछ महत्त्वपूर्ण तथ्य

160 बार रिकी पोंटिंग ने आस्ट्रेलिया को जीत दिलाई है, 220 वन-डे मैचों में।

106 बार स्टीफन फ्लेमिंग की कप्तानी में न्यूजीलैंड को हार मिली है, 218 वन-डे मैचों में।

75.68 की औसत के साथ रिकी पोंटिंग वन-डे क्रिकेट में सबसे सफल कप्तान हैं।

34 मैचों में महेंद्र सिंह धोनी ने भारत को विदेश में जीत दिलाई है।

19 कप्तान अभी तक वन-डे क्रिकेट में 50 से ज्यादा मैच जीतने में सफल रहे हैं।

15 बार महेंद्र सिंह धोनी ने श्रीलंका के खिलाफ भारत को जीत दिलाई है।

14 कप्तान 100 से ज्यादा मैचों में कप्तानी करने में सफल रहे हैं।

12 मैचों में महेंद्र सिंह धोनी को भारत में हार मिली है।

3 कप्तान भारत को 50 से ज्यादा मैच जिताने में सफल रहे हैं।

1 महेंद्र सिंह धोनी पहले विकेटकीपर हैं, जिन्होंने 50 से ज्यादा मैच जिताए हैं।

वन-डे क्रिकेट में कप्तानी

वन-डे में 50 से ज्यादा मैच जीतने वाले कप्तान

कप्तान	मैच	जीत	हार	टाई	अधूरे	सफलता
रिकी पोंटिंग (आस्ट्रेलिया)	228	164	50	2	12	76.38
एलन बोर्डर (आस्ट्रेलिया)	178	107	67	1	3	61.42
हैंसी क्रोनिए (दक्षिण अफ्रीका)	138	99	35	1	3	73.70
स्टीफन फ्लेमिंग (न्यूजीलैंड)	218	98	106	1	13	48.04
मोहम्मद अजहरुद्दीन (भारत)	174	90	76	2	6	54.16
अर्जुन रणातुंगा (श्रीलंका)	193	89	95	1	8	48.37
ग्रीम स्मिथ (दक्षिण अफ्रीका)	150	92	51	1	6	64.23
सौरव गांगुली (भारत)	147	76	66	-	5	53.52
इमरान खान (पाकिस्तान)	139	75	59	1	4	55.92
विवियन रिचर्ड्स (वेस्टइंडीज)	105	67	36	-	2	65.04

कप्तान	मैच	जीत	हार	टाई	अधूरे	सफलता
स्टीव वा (आस्ट्रेलिया)	106	67	35	3	1	65.23
सनत जयसूर्या (श्रीलंका)	118	66	47	2	3	58.26
वसीम अकरम (पाकिस्तान)	109	66	41	2	-	61.46
क्लाइव लायड (वेस्टइंडीज)	84	64	18	1	1	77.71
शान पोलाक (दक्षिण अफ्रीका)	97	60	33	3	1	64.06
ब्रायन लारा (वेस्टइंडीज)	125	59	59	-	7	50.00
महेला जयवर्द्धने (श्रीलंका)	97	57	35	-	5	61.95
इंजमाम-उल-हक (पाकिस्तान)	90	52	34	-	4	60.46
महेंद्र सिंह धोनी (भारत)	112	64	38	2	8	62.50

100 छक्के वाले धोनी

टीम इंडिया के कप्तान महेंद्र सिंह धोनी भी खूब छक्के उड़ाते हैं। गेंद को वह इतने इत्मीनान से सीमा रेखा के बाहर कर देते हैं कि पूछिए मत। हाल ही में उन्होंने छक्कों का शतक पूरा किया है। वेस्टइंडीज के खिलाफ किंग्सटन में खेले गए दूसरे वन-डे मैच में उन्होंने सुलेमान बेन की गेंद पर पहला छक्का लगाकर यह सम्मान प्राप्त किया। धोनी ने 137 वन-डे मैचों की 123 पारियों में बल्लेबाजी करने के बाद ऐसा किया और वह वन-डे क्रिकेट में 100 या उससे ज्यादा छक्के लगाने वाले भारत के पांचवें और कुल मिलाकर 20वें बल्लेबाज बने।

बांग्लादेश के खिलाफ चटगांव में 23 दिसंबर, 2004 को अपने वन-डे कैरियर की शुरुआत करने वाले धोनी ने वन-डे क्रिकेट में अपना पहला छक्का तीसरे वन-डे मैच में लगाया था। बांग्लादेश के खिलाफ 27 दिसंबर, 2004 को ढाका में खेले गए तीसरे वन-डे मैच में धोनी ने खालिद मोहम्मद की गेंद पर छक्का जड़ा था।

श्रीलंका के खिलाफ जयपुर में 31 अक्टूबर, 2005 को खेले गए मैच में धोनी ने आउट हुए बिना 183 रन की पारी में 10 छक्के मारे थे। इस पारी में परवेज महारूफ की गेंद पर लगाया गया पांचवां छक्का 22 वन-डे मैचों की 21 पारियों में धोनी का 25वां छक्का था।

धोनी ने अपने छक्कों की सेंचुरी दक्षिण अफ्रीका के खिलाफ 26 नवंबर, 2006 को केपटाउन में खेले गए मैच में पूरी की थी। इस पारी में उन्होंने चार

छक्के लगाए थे, जिसमें से दूसरा छक्का जो उन्होंने चार्ल्स लांगवेल्ट की गेंद पर मारा था, 57 मैचों की 51 पारियों में 50वां था। नागपुर में आस्ट्रेलिया के खिलाफ 14 अक्टूबर, 2007 को खेले गए मैच में धोनी ने 26 रन की पारी में एक छक्का मारा जो 90 मैचों की 80 पारियों में उनका 75वां छक्का था। धोनी ने यह छक्का ब्रेट ली पर जड़ा था। दाएं हाथ से बल्लेबाजी करने वाले धोनी ने अभी तक 134 वन-डे मैचों की 124 पारियों में जो 102 छक्के मारे हैं उसमें से 44 छक्के उन्होंने भारत में खेले गए 49 मैचों की 43 पारियों में मारे हैं। भारत से बाहर 90 मैचों की 81 पारियों में उन्होंने 58 बार गेंद को बाउंड्री से बाहर की सैर कराई है। भारत के लिए वन-डे क्रिकेट में सबसे ज्यादा छक्के सौरव गांगुली ने लगाए हैं। उन्होंने 311 वन-डे मैचों की 300 पारियों में 11363 रन 1122 चौके और 190 छक्कों की मदद से बनाए। सचिन तेंदुलकर ने अभी तक जो 425 वन-डे मैच खेले हैं उनकी 415 पारियों में 176 छक्कों और 1818 चौकों की मदद से 16684 रन बनाए हैं। युवराज सिंह ने 235 वन-डे मैचों की 216 पारियों में 716 चौकों और 129 छक्कों की मदद से 7018 रन बनाए हैं। जबकि वीरेंद्र सहवाग 205 मैचों की 200 पारियों में 902 चौकों और 107 छक्कों की मदद से 6592 रन बनाने में सफल रहे हैं।

किंग्सटन में ही वेस्टइंडीज के कप्तान क्रिस गेल ने अपनी 64 रन की पारी के दौरान 150 छक्के पूरे किए। उन्होंने इस पारी में आशीष नेहरा की गेंद पर पहला छक्का लगाकर ऐसा किया। वह 150 छक्के लगाने वाले वेस्टइंडीज के पहले और कुल मिलाकर छठे बल्लेबाज बने। वन-डे क्रिकेट में सबसे ज्यादा छक्के लगाने का रिकार्ड श्रीलंका के सनत जयसूर्या के पास है, जिन्होंने 432 वन-डे मैचों की 420 पारियों में 13151 रन 1459 चौकों और 270 छक्कों की मदद से बनाए हैं। पाकिस्तान के शाहिद आफरीदी ने अभी तक जो 276 वन-डे मैच खेले हैं उनकी 258 पारियों में 5642 रन 521 चौकों और 249 छक्कों की मदद से आए हैं। भारत के लिए सबसे ज्यादा छक्के लगाने वाले सौरव गांगुली (190) वन-डे क्रिकेट में सबसे ज्यादा छक्के लगाने वाले बल्लेबाजों की सूची में तीसरे स्थान पर हैं। जबकि सचिन (176) के साथ चौथे स्थान पर हैं।

इस सूची में पांचवां स्थान न्यूजीलैंड के क्रिस केंस का है जिन्होंने 215 वन-डे मैचों की 193 पारियों में 4950 रन 345 चौके और 153 छक्कों की मदद से बनाए।

क्रिस गेल ने अभी तक जो 204 वन-डे मैच खेले हैं उनकी 199 पारियों में वह 7429 रन 871 चौकों और 151 छक्कों की मदद से बनाने में सफल रहे हैं। वेस्टइंडीज में खेले गए 82 मैचों में उन्होंने 54 छक्के लगाए, जबकि वेस्टइंडीज के बाहर 123 मैचों में उन्होंने 97 छक्के ठोके हैं।

100 से ज्यादा छक्के वाले खिलाड़ी

बल्लेबाज	मैच	पारी	रन	चौके	छक्के	औसत
सनत जयसूर्या (श्रीलंका)	432	420	13151	1459	270	0.64
शाहिद आफरीदी (पाकिस्तान)	276	258	5642	521	249	0.96
सौरव गांगुली (भारत)	311	300	111363	1122	190	0.63
सचिन तेंदुलकर (भारत)	425	415	16684	1818	176	0.42
क्रिस केंस (न्यूजीलैंड)	215	193	4950	345	153	0.79
क्रिस गेल (वेस्टइंडीज)	204	199	7429	871	151	0.76
एडम गिलक्रिस्ट (आस्ट्रेलिया)	287	279	9619	1162	149	0.53
इंजमाम-उल-हक(पाकिस्तान)	378	350	11739	969	144	0.41
रिकी पोंटिंग (आस्ट्रेलिया)	315	306	11523	1014	138	0.45
ब्रायन लारा (वेस्टइंडीज)	299	289	10405	1035	133	0.46
युवराज सिंह (भारत)	235	216	7018	716	129	0.59
विवियन रिचर्ड्स (वेस्टइंडीज)	187	167	6721	600	126	0.75
हर्शल गिब्स (दक्षिण अफीका)	244	237	8038	923	126	0.53
वसीम अकरम (पाकिस्तान)	356	280	3717	247	121	0.43
जैक कैलिस (दक्षिण अफीका)	291	277	10239	807	120	0.43
वीरेन्द्र सहवाग (भारत)	205	200	6592	902	107	0.53
एंड्रयू साइमंड्स (आस्ट्रेलिया)	198	161	5088	449	103	0.63
अब्दुर रज्जाक (पाकिस्तान)	231	198	4465	333	103	0.52
महेंद्र सिंह धोनी (भारत)	138	124	4567	346	102	0.87
अरविंद डि सिल्वा (श्रीलंका)	308	296	9284	712	102	0.34

नौवें विकेट के लिए पांचवीं शतकीय साझेदारी

महेंद्र सिंह धोनी और रुद्र प्रताप सिंह ने किंग्सटन में खेले गए दूसरे वन-डे मैच में नौवें विकेट के लिए 101 रन जोड़े जो वेस्टइंडीज के खिलाफ इस विकेट

की सबसे बड़ी और कुल मिलाकर चौथी सबसे बड़ी साझेदारी थी। नौवें विकेट के लिए वन-डे क्रिकेट में अभी तक जो पांच साझेदारी हुई हैं, उसमें से तीन भारत के लिए हुई हैं।

वेस्टइंडीज के खिलाफ इससे पहले नौवें विकेट की सबसे बड़ी साझेदारी का रिकार्ड कंगारू खिलाड़ी माइकल बेवन और शेन वार्न के पास था, जिन्होंने पोर्ट आफ स्पेन में 18 अप्रैल, 1999 को 77 रन की साझेदारी की थी।

14

पद्मश्री धोनी

टीम इंडिया के कप्तान महेंद्र सिंह धोनी के सितारे बुलंदियों पर हैं। उन्हें और भज्जी को भारत सरकार ने पद्मश्री से नवाजा है। एक ओर उनके करिश्माई नेतृत्व में टीम नई इबारत लिख रही है, तो दूसरी ओर उन्हें मिलने वाले सम्मानों ने नई पहचान दिलाने में खासी भूमिका निभाई है। झारखंड रत्न और राजीव गांधी खेल रत्न अवार्ड के बाद उन्हें हाल ही में पद्मश्री जैसे महत्वपूर्ण नागरिक सम्मान से नवाजा गया है, जो स्वयं में खास बात है। वह यह प्रतिष्ठित सम्मान पाने वाले पहले झारखंडी और देश के 25वें क्रिकेटर हैं।

इस बार के नागरिक सम्मानों में भारतीय क्रिकेट खिलाड़ी हरभजन सिंह भी बाजी मारने में कामयाब रहे, जबकि देश की सर्वाधिक धनी खेल संस्था भारतीय क्रिकेट बोर्ड ने धोनी और वीवीएस लक्ष्मण के रूप में केंद्र सरकार को अनुमोदित सूची भेजी थी। यह विवाद का कारण भी रहा कि हाल ही में 100 या उससे ज्यादा टेस्ट खेलने वाले खिलाड़ियों के विशिशट क्लब में इस कलात्मक बल्लेबाज ने अपना नाम दर्ज कराया है। लेकिन इतनी बड़ी उपलब्धि के बावजूद उन पर हरभजन सिंह को तरजीह मिलना किसी के गले नहीं उतरा, जबकि बीसीसीआई की लिस्ट में भज्जी का नाम था ही नहीं। हरभजन को पद्मश्री कैसे मिला, इसका किसी के पास कोई सटीक जवाब नहीं है।

बहरहाल, 74 टेस्ट मैचों में 314 और 180 वनडे मैचों में 202 विकेट लेने वाले टर्बनेटर हरभजन सिंह के लिए यह बहुत बड़ी उपलब्धि है। लेकिन अगर लक्ष्मण पर उन्हें तव्वजो मिली है, तो यह एकदम गलत है, दोनों ही खिलाड़ियों ने भले ही देश को अनेक अवसरों पर जीत दिलाने में कामयाबी पाई हो, फिर भी आंकड़े वीवीएस लक्ष्मण के पक्ष में गवाही देते हैं।

खैर, 21वीं सदी धोनी की टीम इंडिया की है, यह बात अब तक धोनी के क्षमतावान नेतृत्व से साबित हो चुकी है। उनकी कप्तानी में भारत टी 20 विश्व कप, आस्ट्रेलिया के खिलाफ सीबी सीरीज और टेस्ट सीरीज, इंग्लैंड के खिलाफ वन-डे और टेस्ट सीरीज तथा श्रीलंका के विरुद्ध श्रीलंका में ही दो वन-डे श्रृंखलाओं में मिली ऐतिहासिक कामयाबी ने उनका कद काफी बढ़ा दिया है। साथ ही वह अपने बल्ले से भी धमाल मचाये हुए हैं और इसी का प्रमाण है कि वह आईसीसी की वन-डे रैंकिंग में नम्बर एक बल्लेबाज हैं।

गौरतलब है कि भारतीय नागरिक सम्मान 1954 से दिए जा रहे हैं और 6 वर्ष बाद 1960 में यह सम्मान जस्सू पटेल और विजय हजारे जैसे दिग्गज क्रिकेटरों को दिया गया था। तभी से समय-समय पर भारतीय क्रिकेटर अपने योगदान के सापेक्ष इन पुरस्कारों में जगह बनाते रहे हैं। लेकिन इन पुरस्कारों में होने वाली राजनीति से हर शख्स वाकिफ है, जो जरा सी भी क्रिकेट में दिलचस्पी रखता है।

पद्मश्री पुरस्कार

वर्ष	खिलाड़ी
1960	जस्सू पटेल
1960	विजय हजारे
1962	नारी कांट्रैक्टर
1962	पाली उमरीगर
1963	सैयद मुश्ताक अली
1965	डी.बी. देवधर
1967	नवाब मंसूर अली खां
1969	चंदू बोर्डे
1970	बिशन सिंह बेदी
1970	इरापल्ली प्रसन्ना
1971	गुंडप्पा विश्वनाथ
1972	अजीत वाडेकर
1972	बीएस चंद्रशेखर
1973	फारूख इंजीनियर
1975	पंकज राय

1982	कपिल देव
1987	दिलीप वेंगसरकर
1988	मोहम्मद अजहरुद्दीन
1999	सचिन तेंदुलकर
2003	एस. वेंकटराघवन
2004	सौरव गांगुली
2004	राहुल द्रविड़
2005	अनिल कुंबले
2009	महेंद्र सिंह धोनी
2009	हरभजन सिंह
2010	वीरेन्द्र सहवाग
2011	वीवीएस लक्ष्मण

15

मतवाला माही

भारतीय कप्तान महेंद्र सिंह धोनी बेहतरीन क्रिकेटर ही नहीं, बल्कि मतवाले इंसान भी हैं। यह मतवालापन वह खेल में भी कभी-कभी दिखला देते हैं। टीम इंडिया का निरंतर बुलंदियों की ओर जाना धुरंधर धोनी यानि माही की काबिलियत और नेतृत्व क्षमता को रेखांकित करता है। वह दिन था शनिवार। तारीख थी 14 मई, 2008 और जगह थी शेरे बांग्ला नेशनल स्टेडियम, मीरपुर (बांग्लादेश)। उस दिन भारत और पाकिस्तान के बीच किटप्लाई त्रिकोणीय प्रतियोगिता का फाइनल मैच खेला जा रहा था। कहने को तो फाइनल भारत हार गया, लेकिन एक शख्स ऐसा था जिसने हार नहीं मानी थी। वह शख्स अंत तक भारत को जीत दिलाने के लिए संघर्ष करता रहा। यही जज्बा अगर टीम इंडिया के दूसरे खिलाड़ियों ने भी दिखाया होता, तो हम बड़ी आसानी से चैम्पियन बन जाते, पर ऐसा हो न सका। वह शख्स जो संघर्ष दर संघर्ष करने में मशगूल था, वह कोई और नहीं बल्कि टीम के कप्तान महेंद्र सिंह धोनी थे। मैच का जब 49वां ओवर शुरू हुआ, तो नजारा बहुत ही तनावपूर्ण था। इस ओवर को पाकिस्तान के लेग स्पिनर शाहिद आफरीदी फेंक रहे थे। दो ओवरों में भारत को जीत के लिए चाहिए थे 32 रन। नौ विकेट भी गिर चुके थे। ऐसी तनावपूर्ण परिस्थितियों में माही ने अपने को काफी संयत रखा। पहली गेंद पर मिडविकेट के ऊपर से छक्का जड़ दिया, दूसरी गेंद पर उन्होंने वैसा ही तीखा प्रहार किया, लेकिन बाउंड्री लाइन पर कैच कर लिए गए। हम मैच भले ही हार गए, लेकिन माही के संघर्ष ने एकतरफा मैच को जिस ढंग से रोचकता प्रदान की, वह प्रशंसनीय था।

इससे पहले भारत की तरफ से संघर्ष तो किया गया, पर उस संघर्ष में उतना करेंट नहीं दिखा, जो माही की मतवाली और दमदार पारी में नजर आया। टीम के स्कोर में सहवाग दो रन, रोहित शर्मा 24, यूसुफ पठान 25, गंभीर 40, युवराज 56, रैना 24, इरफान पठान के 28 रनों का महत्त्वपूर्ण सहयोग था। धुरंधर माही ने बनाए सबसे ज्यादा 64 रन। 59 गेंदों पर तीन चौकों और दो छक्कों की सहायता से बनाए गए ये रन खुद यह बयां कर देते हैं कि माही ने इस दौरान किस जिम्मेदारी का परिचय दिया। वैसे भारत को 25 रन से खिताब गंवाना पड़ा था।

यही नहीं, धोनी और इरफान पठान के बीच आठवें विकेट की साझेदारी में जो 60 रन बने, उसने जीत की संभावना बनाए रखी। वरना जब पठान खेलने उतरे थे, तब साफ दिख रहा था कि भारत हार जाएगा। लेकिन इन दोनों ने संघर्ष कर भारतीय उम्मीदों को बनाए रखा और मैच को अंतिम ओवरों तक खींच खींच दिया।

वैसे भी माही के खेल की यह खासियत है कि वह अंतिम समय तक हार नहीं मानते हैं। मीरपुर वाले मैच में तो आपने देख ही लिया कि कैसे संघर्ष किया उन्होंने। अब एक नजारा और पेश है...

इंडियन प्रीमियर लीग का फाइनल मैच भी जून में ही खेला गया। पहली जून को मुंबई में फाइनल मैच हुआ। माही की चेन्नई टीम ने पहले बैटिंग की और 20 ओवर में पांच विकेट खोकर 163 रन बनाए। माही ने खुद 17 गेंदों में दो छक्कों की सहायता से 29 रन बनाए। 163 रन टी-20 मैच के हिसाब से ज्यादा रन नहीं थे, पर कप्तान के दिमागी खेल ने इस स्कोर को भी बेहद मुश्किल बना दिया। राजस्थान रायल्स ने यह मैच जीतकर चैंपियन होने का गौरव हासिल किया, लेकिन मैच का फैसला आखिरी गेंद पर ही हुआ, वह आखिरी गेंद माही को भी चैम्पियन बनवा सकती थी।

कहने को ये दोनों फाइनल मैच धोनी की विजय यात्रा में रुकावट भी कहे जा सकते हैं, क्योंकि जिस तेजी और स्टाइल से धोनी और धोनी की टीम चैम्पियन दर चैम्पियन होती जा रही थी। उसे देख सब प्रसन्न थे। बहरहाल, इन दोनों फाइनल में मिली हार से माही का कद कम नहीं होता।

एक समय ऐसा भी था, जब विस्फोटक बल्लेबाजी के लिए सिर्फ वीरेंद्र सहवाग को ही जाना जाता था, लेकिन भारत के छोटे से शहर रांची के इस छोरे ने आते ही इस धारणा को गलत साबित कर दिया। उसकी विस्फोटक

टी–20 विश्वकप–2007
ट्रॉफी के साथ

एक दिवसीय खिताब – 2011 विश्वकप ट्रॉफी के साथ

संगीत प्रेम–
पियानो पर
हाथ आजमाते हुए

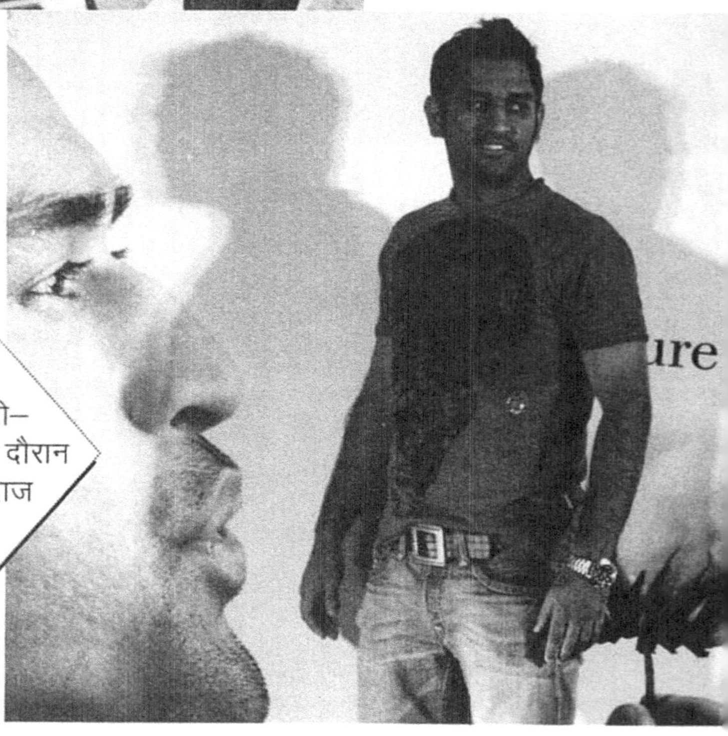

मॉडल धोनी–
ब्रांड लान्च के दौरान
निराला अंदाज

बॉलीवुड कनेक्शन

फैशन शो के दौरान
दीपिका पादुकोण के साथ

अभिनेता जॉन अब्राहम से
हेड मसाज लेते हुए

सुनील शेट्टी से
एम.टी.वी. यूथ आइकॉन का
पुरस्कार ग्रहण करते हुए

आस्तिक धोनी – सोलहभुजी माँ दुर्गा के दर्शन के बाद बाहर निकलते हुए।

हर्ले डेविसन मोटरसाइकिल की सवारी का लुत्फ उठाते हुए धोनी।

मस्ती का मौसम–समारोह के दौरान पठान बंधुओं के साथ।

गोल्डन बैट–विश्वकप 2011 विजय के बाद मिले अनोखे उपहार के साथ।

डा0 धोनी–डॉक्टरेट की उपाधि लेते हुए।

लेफ्टिनेंट कर्नल–एक दूसरे को बधाई देते हुए लेफ्टिनेंट कर्नल अभिनव बिंद्रा और धोनी।

फर्स्ट लुक–शादी के बाद अपने प्रशंसक के साथ फोटो खिंचवाते हुए नवविवाहित जोड़ा

आस्था–विवाहोपरान्त पत्नी साक्षी के साथ पूजा–पाठ करते हुए।

बल्लेबाजी देख सब लोग वाह-वाह कर उठे। 1999-2000 में फर्स्ट क्लास क्रिकेट शुरू करने वाले धोनी ने 2004 आते-आते राष्ट्रीय टीम में प्रवेश पाने के लिए दस्तक देनी शुरू कर दी थी। दिसंबर, 2004 में उन्हें बंगलादेश दौरे के लिए टीम इंडिया में शामिल भी कर लिया गया था जहां भारत को 25 रन से खिताब गंवाना पड़ा था। अपने पांचवें एकदिवसीय मैच में ही उन्होंने पाकिस्तान के खिलाफ विशाखापत्तनम वन-डे में शानदार 148 रन ठोककर उन्होंने सहवाग के मुकाबले स्वयं को खड़ा कर लिया था। कुछ दिन बाद श्रीलंका के खिलाफ जयपुर में खेले गए एकदिवसीय मैच में 183 रन (नाट आउट) बनाकर धोनी ने सबको हैरत में डाल दिया। इस पारी के बाद वह एक पारी में सबसे ज्यादा रन बनाने वाले विश्व के पहले विकेटकीपर बन गए।

2007 में जब टीम इंडिया ने इंग्लैंड का दौरा किया, तब एकदिवसीय टीम का उपकप्तान धोनी को बनाया गया था। कुछेक महीने बाद जब टी 20 क्रिकेट का पहला वर्ल्ड कप दक्षिण अफ्रीका में होना था, तो भारतीय टीम की कमान धोनी को ही सौंपी गई। इस मौके को धोनी ने बहुत ही शानदार तरीके से लपका। वर्ल्ड चौंपियन होने के बाद धोनी की काबिलियत की चर्चा दिग्गजों में होने लगी। आज धोनी की स्थिति क्या है, यह हम सब जानते हैं। लोकप्रिय तो वह हैं ही साथ ही उनकी मार्केट वैल्यू भी पहले की अपेक्षा बढ़ी है। इसमें उत्तरोत्तर सुधार भी हो रहा है। धोनी का स्तर क्या है, यह तो हम इंडियन प्रीमियर लीग में देख ही चुके हैं। लीग के सबसे महंगे खिलाड़ी थे धोनी। 15 लाख डालर यानी छह करोड़ रुपए कीमत आंकी थी चेन्नई की टीम ने उनकी। इतनी बड़ी रकम की सार्थकता को भी उन्होंने सिद्ध कर दिखाया है। अपनी टीम चेन्नई सुपर किंग्स को आईपीएल के फाइनल तक वह ले गए। मैच की आखिरी गेंद पर फैसला हुआ, यानी हार अंत तक नहीं मानी धोनी ने। वैसे भी धोनी सिर्फ बेहतरीन खिलाड़ी ही नहीं, लाजवाब और योग्य कप्तान भी हैं। दिमाग संतुलित भी रखते हैं और कोई भी फैसला हड़बड़ी में नहीं करते हैं। अपने खिलाड़ियों को पूरा मौका देते हैं। सबसे अच्छी बात यह है कि माही को अपने खिलाड़ियों की क्षमताओं और योग्यताओं के बारे में तो मालूम है ही, वह सबकी कमजोरियों से भी परिचित हैं। ऐसे में वह सोच-समझकर प्लेयर्स से प्रदर्शन करवाने में सफल रहते हैं।

बहरहाल, किटप्लाई त्रिकोणीय प्रतियोगिता खत्म हो चुकी है। अब एशिया कप की बारी है, जहां हमें पाकिस्तान ही नहीं, श्रीलंका से भी दो-दो हाथ करने होंगे। कैप्टन कूल से शानदार कप्तानी के साथ ही यह उम्मीद भी है कि

कप्तान माही को भी वहां की आबोहवा रास आयेगी और हमारी टीम एशिया कप के फाइनल में पहुंचेगी और जीतेगी भी। वहां यानी पाकिस्तान में होने वाले मुकाबले वैसे भी हमें खूब रास आते हैं। मजा आता है। फिर पाकिस्तान के राष्ट्रपति परवेज मुशर्रफ भी तो धोनी की मस्तमौला आदत के कायल हैं।

बहरहाल, टीम इंडिया के इस युवा कप्तान ने अपनी काबिलियत का परचम चारों दिशाओं में लहरा दिया है। यही नहीं, धोनी ने युवा खून पर भरोसा जताकर यह बखूबी साबित कर दिया है कि हाल फिलहाल मतवाला माही अपनी मस्तमौला चाल चलने में मशगूल है।

30 वर्षीय महेंद्र सिंह धोनी की कहानी जमीन से फलक तक उड़ान की एक अविस्मरणीय दास्तान है। 1999 में अपना प्रथम श्रेणी कैरियर शुरू करने वाले धोनी 2004 की चैलेंजर ट्राफी में पहली बार चमके थे। फिर कीनिया में खेली गई त्रिकोणीय श्रृंखला में भारत-ए की ओर से पाक-ए के खिलाफ लगातार दो शतक ठोंकने के बाद उन्होंने राष्ट्रीय टीम में जगह पाने का दावा पेश किया। लेकिन अंततः 2004 के बांग्लादेश दौरे में जब उन्हें पहली बार वन-डे में उतारा गया, तो चटगांव के पहले मैच में वे बिना खाता खोले रन आउट हो गए। तीन मैचों की इस सीरीज में उनके बल्ले से निकले रनों का योग था मात्र 19 यानी प्रति पारी सिर्फ 6.67 रन।

अपनी इस शुरुआती नाकामी को धोनी ने कामयाबी में बदला पाक के खिलाफ घरेलू सीरीज में। छह मैचों में 43.60 की औसत से 261 रन बनाकर, जिसमें एक धुआंधार शतक (148) भी शामिल था, जिसकी बदौलत उन्होंने टीम में अपनी जगह पुख्ता कर ली। इसके बाद श्रीलंका में आईओसी कप और फिर जिंब्बावे में वीडियोकॉन ट्रायंगुलर में भी उनका बल्ला अच्छा चला। लेकिन असली धमाल उन्होंने किया 2005 में श्रीलंका के विरुद्ध घरेलू वन-डे सीरीज में। पांच पारियों में 115.33 की औसत से 346 रन ठोककर उन्होंने तहलका मचा दिया। जयपुर में 183 रन की अविजित पारी खेलकर उन्होंने न सिर्फ दिग्गज एडम गिलक्रिस्ट का विश्व रिकार्ड तोड़ा, बल्कि विश्व क्रिकेट परिदृश्य पर अपने आगाज का ऐलान भी कर दिया।

जयपुर की इस विध्वंसक रिकार्ड तोड़ पारी ने महेंद्र सिंह धोनी को भारतीय क्रिकेट का नया पोस्टर ब्वाय बना दिया। उनके कंधे तक लंबे बालों, ताकतवर स्ट्रोक्स और क्यूट स्माइल की तकरीबन हर घर में चर्चा होने लगी। खासकर युवा वर्ग के बीच तो वे अत्यधिक लोकप्रिय हो गए। भारत में खेलों

के मामले में ऐसा सुपरस्टार स्टेटस समकालीन लोगों में सिर्फ सचिन तेंदुलकर को हासिल हुआ है।

जीरो से हीरो बनने का यह सफर धोनी ने सिर्फ डेढ़ वर्ष के अंतराल में तय किया था और इसकी पृष्ठभूमि में थीं सिर्फ उनकी 148 तथा 183 रन की दो पारियां। ऐसा अंतर्राष्ट्रीय क्रिकेट में पहले भी कई बार हुआ है कि कोई नया खिलाड़ी शुरू के कुछ मैचों में जबरदस्त प्रदर्शन करके रातों रात स्टार बन गया। लेकिन जल्दी मिल गई कामयाबी कई बार इंसान को असंतुलित कर देती है और उस असंतुलन में से दोबारा हीरो से जीरो बनने में कतई समय नहीं लगता। गोपाल शर्मा, मनिंदर सिंह, एल. शिवरामकृष्णन, विश्वनाथ- ये सब भारतीय क्रिकेट के अतीत के चंद ऐसे ही पृष्ठ हैं, जो अपनी आश्चर्यजनक प्रतिभा के बूते रातोंरात स्टार बन गए थे, लेकिन फिर उस सफलता को संभाल न पाने के कारण वे दोबारा अर्श से फर्श पर आ गए।

लेकिन धोनी ने वह गलती नहीं की, जो इन सब खिलाड़ियों ने की थी। शायद मानसिक रूप से वे इन सबसे कहीं ज्यादा मजबूत व परिपक्व थे। जिस तरह एक कुशल कारीगर एक-एक ईंट को सजाकर खूबसूरत इमारत का निर्माण करता है, ठीक उसी तरह धोनी ने बड़ी सावधानी से अपने कैरियर को संवारा और उसे सही शक्ल दी। टीम इंडिया में उनके कई हम उम्र थे, जो शायद उनसे कम प्रतिभाशाली नहीं थे, मसलन वीरेंद्र सहवाग और युवराज सिंह इत्यादि। लेकिन पूरी तरह दृढ़ संकल्प और फोकस्ड होने के कारण धोनी कैरियर व सफलता की दौड़ में इन सबसे काफी आगे निकल गए।

खेल से अलग, धोनी की पर्सनैलिटी में जो गंभीरता और सोच में प्रखरता थी उस पर चयनकर्ताओं की भी बराबर निगाह थी। 2007 के इंगलैंड दौरे में उन्हें राहुल द्रविड़ का डिप्टी नियुक्त किया गया। फैसला गलत नहीं रहा। काउंटी मैचों में टीम की अगुवाई करते हुए धोनी ने आश्चर्यजनक परिपक्वता दिखाई। नतीजतन चयनकर्ताओं को भविष्य की राह नजर आ गई।

श्रीलंका में धोनी ने अपने साथियों को रहस्यमय स्पिनर अजंथा मेंडिस से टकराने का जो फार्मूला थमाया, उससे युवा खिलाड़ियों को कामयाबी की एक नई राह मिल गई। धोनी के खुद लड़ने के इस जज्बे ने विशेषज्ञों को भी खासा प्रभावित किया। चीफ सेलेक्टर वेंगसरकर ने तो टाइम्स आफ इंडिया से बातचीत में धोनी की खुलकर तारीफ की। उनके शब्द थे, उन्होंने (धोनी) अपने प्रदर्शन से अपने साथियों को दिखाया कि मेंडिस को न सिर्फ खेला जा सकता है, बल्कि उनकी गेंदों पर रन भी बनाए जा सकते हैं।

बल्लेबाजी हो, विकेटकीपिंग हो या कप्तानी, धोनी ने अपने कैरियर को ऐसी बुद्धिमत्ता के साथ प्लान किया है, जैसा हर खिलाड़ी नहीं कर पाता। बल्लेबाज के रूप में शुरुआती दिनों में वे खासे आक्रामक हुआ करते थे। उन दिनों हवाई स्ट्रोक्स खेलने के कारण उनकी बैक लिफ्ट काफी होती थी। कुछ दिनों बाद गेंदबाजों ने उनकी यह कमजोरी भांप ली और उन्हें शरीर के नजदीक गेंद डालकर बार-बार सस्ते में आउट करने लगे। धोनी ने अपने खेल का तुरंत विश्लेषण किया और आज उनके बल्ले की बैक लिट तकरीबन खत्म हो चुकी है। इसी तरह उन्होंने अपनी विकेटकीपिंग तकनीक को भी शुरुआती दिनों की तुलना में काफी परिष्कृत कर लिया है।

रही बात कप्तानी की, तो इस क्षेत्र में भी धोनी लगातार सीखते नजर आ रहे हैं। आज तक अपनी किसी गलती को उन्होंने दोबारा नहीं दोहराया है, जो एक बहुत अच्छा संकेत है। वन-डे हो या टी-20 अभी तक उन्होंने नेतृत्व की किसी खास शैली को पूरी तरह नहीं अपनाया है। वे जरूरत के हिसाब से हल्ला बोलते हैं और बचाव करते हैं। ठीक यही नीति उनकी बल्लेबाजी में भी होती है। इस अनियमित गेमप्लान के कारण उनके प्रतिद्वंद्वी हमेशा संशय और दुविधा में बने रहते हैं और धोनी की टीम के लिए यह स्थिति फायदेमंद साबित होती है।

आज की तारीख में धोनी भारतीय क्रिकेट का सबसे बड़ा नाम बन चुके हैं। बाजार के हिसाब से वे इस समय सचिन तेंदुलकर से भी बड़े ब्रांड हैं। विज्ञापनों से उनकी सालाना कमाई 15 करोड़ के आसपास पहुंच चुकी है। जहां तक खेल का सवाल है, हाल ही में ग्रीम स्मिथ को पछाड़कर उन्होंने आईसीसी की बल्लेबाजी वन-डे रैंकिंग में पहला स्थान हासिल कर लिया। क्रिकेट में उनके जबर्दस्त योगदान के लिए भारत सरकार ने पिछले दिनों राजीव गांधी खेल रत्न पुरस्कार से सम्मानित किया। सचिन तेंदुलकर के बाद वे देश के सिर्फ दूसरे क्रिकेटर हैं, जिन्हें देश का यह सर्वोच्च खेल सम्मान हासिल हुआ है। हाल ही में उन्हें आईसीसी के वन-डे प्लेयर आफ द ईयर अवार्ड से सम्मानित किया गया है, संयोगवश यहां उन्होंने यह सफल मुकाम सचिन को ही पीछे छोड़कर हासिल किया है।

इस वक्त धोनी अपने कैरियर के शायद सबसे सुनहरे दौर से गुजर रहे हैं। उन्होंने वह मिडास टच हासिल कर लिया प्रतीत होता है कि उनके सम्पर्क में आने वाली हर चीज, हर शख्स सफलता की ऊंचाईयों को चूमने लगता है। इयान चैपल और वसीम अकरम जैसे दिग्गज उनके पक्ष में राय भी व्यक्त कर चुके हैं। अब टीम इंडिया के कोच गैरी कर्स्टन भी धोनी की कप्तानी से प्रभावित हैं।

16

बड़े मैचों के लिए तैयार हैं धोनी

चेन्नई सुपरकिंग्स के कप्तान महेंद्र सिंह धोनी ने कोच्चि टस्कर्स केरल पर मिली जीत के बाद कहा था कि उनकी अब टीम बड़े मैचों के लिए तैयार है। धोनी ने मैच समाप्ति के बाद कहा कि हम अपने घरेलू मैदान के रिकार्ड पर गर्व महसूस कर सकते हैं। यह हमारे लिए बड़ी उपलब्धि है लेकिन इसका मतलब यह नहीं है कि हम रिलैक्स हो जाएंगे। भारतीय कप्तान ने कहा कि अगर आप सेमीफाइनल में पहुंचना चाहते हो तो आप सारे मैच आसानी से नहीं जीतना चाहते। आप अपने मध्यक्रम एवं निचले क्रम और गेंदबाजों की परीक्षा लेना चाहते हो। मुझे लगता है कि अब हमारे खिलाड़ी हर माहौल में खेल खेलने में दक्ष हैं और हमें बड़े मैचों के लिए तैयार होना चाहिए। धोनी की यह टिप्पणी एक तरह से इशारा करती है कि अब समय आ गया है। आने वाले दिनों में कई बड़े टूर्नामेंट खेलने और विश्व कप जीतने के बाद भारत को नंबर एक की कुर्सी बरकरार रखने के लिए लगातार मेहनत करनी होगी। धोनी का हौसला जबरदस्त है। इस मैच में चेन्नई ने टास जीतकर बल्लेबाजी करते हुए पांच विकेट पर 152 रन का स्कोर खड़ा किया जिसके जवाब में कोच्चि टस्कर्स केरल ब्रैड हाज के नाबाद 51 के बावजूद निर्धारित ओवर में पांच विकेट पर 141 रन ही बना सकी। इस तरह चेन्नई सुपरकिंग्स ने अपने मैदान पर सभी सात मैचों में जीत के रिकार्ड को भी बरकरार रखा साथ ही प्लेआफ में जगह सुनिश्चित करने के अलावा अंक तालिका में 18 अंक लेकर शीर्ष पर पहुंच गई। कोच्चि टस्कर्स केरल ने आईपीएल चार में अपना अभियान छह जीत और आठ हार से पूरा किया। कप्तान पार्थिव पटेल ने निराशा व्यक्त करते हुए कहा कि मुझे लगता था कि 150 रन का लक्ष्य हासिल किया जा सकता

था। हमने विकेट नहीं गंवाने की योजना बनाई थी लेकिन हमने काफी देर में आक्रामक रुख अख्तियार किया। उन्होंने कहा कि चेन्नई का विकेट हमेशा धीमा रहता है। हम 10वें ओवर तक मैच में बने हुए थे। हम 12वें - 13वें ओवर पें रन गति बढ़ाना चाहते थे लेकिन ऐसा करने में एक दो ओवर की देरी हो गई। रिद्धिमान साहा ने 33 गेंद में नाबाद 46 रन की पारी खेलकर चेन्नई को सम्मानजनक स्कोर तक पहुंचाया जिसके लिए उन्हें मैन आफ द पुरस्कार से नवाजा गया। साहा ने कहा कि मैं जब क्रीज पर उतरा तो मैं सिर्फ स्ट्राइक रोटेट करने की कोशिश कर रहा था। हम सोच रहे थे कि 140-150 रन का स्कोर बढिया रहेगा। इस तरह की भावना से जब खिलाड़ी ओत-प्रोत होकर खेलता है तब उसके मन में उत्साह बना रहता है। धोनी अन्य कप्तानों से बिल्कुल हटकर सोचते हैं और टीम के हर खिलाड़ी को मौका देते हैं कि उसे कुछ दिखाने का समय मिल जाए। इसलिए तो विश्व कप के बाद भारतीय टीम को अलविदा कह चुके कोच गैरी कर्स्टन ने कहा था कि टीम इंडिया के साथ करार आगे न बढ़ाने का निर्णय काफी मुश्किल था और भारत को छोड़कर जाते हुए उन्हें काफी दुख हो रहा है। उन्होंने भारतीय टीम के कप्तान महेंद्र सिंह धोनी की प्रशंसा करते हुए दुनिया का सर्वश्रेष्ठ कप्तान बताया। भारत के विश्व कप विजेता बनने के बाद कर्स्टन ने कहा कि मेरे लिए भारत को छोड़कर जाने का फैसला करना बेहद मुश्किल था लेकिन अब मैं दक्षिण अफ्रीका में अपने परिवार के साथ समय बिताना चाहता हूँ। कर्स्टन ने कहा कि मैं भारतीय टीम को उसकी उपलब्धियों के लिए बधाई देता हूँ और मुझे कभी न भूलने वाले यादगार लम्हें देने के लिए धन्यवाद देता हूँ। भारतीय टीम का हिस्सा होना मेरे लिए बहुत सम्मान की बात है। गैरी कहते हैं कि भारतीय टीम को विश्व कप खिताब दिलाने का श्रेय टीम के खिलाडियों को जाता है। उन्होंने कहा मेरा दिल इस देश में है। यहां के लोग बहुत अच्छे हैं। खिलाड़ी के तौर पर विश्व कप जीतना मेरे लिए सबसे बड़ी उपलब्धि होती लेकिन कोच के तौर पर विश्व कप जीतना दूसरी सर्वश्रेष्ठ उपलब्धि है। कर्स्टन ने कहा कि उन्होंने टीम इंडिया को विश्व कप के लिए तैयार करने के लिए अपना सर्वश्रेष्ठ समय दिया। उन्होंने कहा मैंने इस जीत के लिए हर संभव कोशिश की और टीम के हर खिलाड़ी ने मेरा साथ दिया। उन्होंने भारतीय टीम के कप्तान महेंद्र सिंह धोनी की प्रशंसा करते हुए कहा कि वह दुनिया के सर्वश्रेष्ठ कप्तान हैं। कर्स्टन ने विश्व कप में मैन आफ द टूर्नामेंट रहे युवराज सिंह की तारीफ करते हुए

कहा युवी को जब श्रीलंका के दौरे के लिए टीम में शामिल नहीं किया गया था तब से लेकर छह महीनों में उनमें बहुत बदलाव आया है। उन्होंने कड़ी मेहनत की है।

भारत को अपने प्रशिक्षण में टेस्ट रैंकिंग में नंबर एक का ताज पहनाने और वनडे क्रिकेट में दूसरे नंबर की टीम बनाने वाले गैरी कर्स्टन टीम इंडिया को विश्व कप जिताने वाले पहले कोच बन गए हैं। भारत ने गैरी के प्रशिक्षण में श्रीलंका को हराकर 28 वर्षों बाद खिताब पर कब्जा किया और इसके साथ ही गैरी भारत को विश्वकप खिताब जिताने वाले पहले कोच बन गए। इस मैच के साथ ही गुरु गैरी का भारतीय टीम के कोच के रुप में करार भी समाप्त हो गया है। इससे पहले भारतीय टीम ने 1983 में कपिल देव की कप्तानी में गत दो बार की चैंपियन वेस्टइंडीज की टीम को हराकर विश्व कप ट्राफी जीती थी। लेकिन उस समय टीम के कोच की परंपरा नहीं थी। उस समय टीम मैनेजर हुआ करते थे। टीम इंडिया के कई भारतीय कोच रहने के बाद वर्श 2000 में जान राइट के रूप में पहला विदेशी कोच रखा गया जिनके प्रशिक्षण में टीम में जबरदस्त सुधार हुआ और वह वर्ष 2003 में विश्व कप के फाइनल तक पहुंची। लेकिन फाइनल में टीम को आस्ट्रेलिया के हाथों हार का सामना करना पड़ा। इसके बाद आस्ट्रेलियाई कोच ग्रेग चौपल ने टीम के प्रशिक्षण की कमान संभाली। वह अपने प्रशिक्षण से ज्यादा उस समय टीम के कप्तान सौरभ गांगुली के साथ अपने मतभेदों को लेकर चर्चा में रहे। उनके प्रशिक्षण में भारत वर्श 2007 के विश्व कप के पहले ही दौर से बाहर हो गया। वर्श 2008 में गैरी ने भारतीय टीम के प्रशिक्षण की जिम्मेदारी संभाली और उसे बखूबी निभाया। उनके प्रशिक्षण में टीम आस्ट्रेलिया को पछाड़कर टेस्ट रैंकिंग में नंबर एक बनी। इसके साथ ही भारतीय टीम एकदिवसीय क्रिकेट में भी दूसरे नंबर पर पहुंच गई। गैरी के प्रशिक्षण में कप्तान महेंद्र सिंह धोनी की टीम ने गत चैम्पियन आस्ट्रेलिया को क्वार्टर फाइनल में पाकिस्तान को सेमीफाइनल में और श्रीलंका को फाइनल में हराकर 2011 का विश्व कप खिताब जीता और इस तरह गुरु गैरी ने एक हीरो की तरह भारतीय टीम से विदा ली। कप्तान धोनी, सचिन तेंदुलकर और युवराज सिंह ने टीम इंडिया को विश्व विजेता बनाने के लिए गैरी के योगदान की सराहना की। अब धोनी के सामने गैरी के बगैर टीम इंडिया को आगे ले जाने की चुनौती है। विश्व कप के बाद कई मैचों में बेहतर प्रदर्शन कर चुकी टीम इंडिया के सामने चोटी पर बने रहने की परीक्षा भी है।

17

एक नज़र में क्रिकेट जगत

क्रिकेट इंग्लैंड का राष्ट्रीय खेल है, जबकि भारत का राष्ट्रीय खेल हाकी है। किंवदंती है कि देहातों में खेला जाने वाला गिल्ली-डंडा का खेल ही क्रिकेट है, बस रूपांतरित हुआ है। ऐसा सही भी प्रतीत होता है। मैदान में दो जवान किले के दोनों द्वार पर डंडा लिए किले की रक्षा में तैनात होते हैं और 11 विपक्षी जवान किले को भेदने के लिए हाथ में गोला (गेंद) लिए प्रहार-दर-प्रहार किए रहते हैं। किले को बचाकर वे महारथी बन जाते हैं। बस, क्रिकेट के माध्यम से देशभक्ति के सुगंध की अनुभूति होती है। दो देशों के बीच खेला जाने वाला यह खेल थोड़ा राजनीतिक भी प्रतीत होता है। इसी कारण से दोनों देशों के लोग अपने-अपने देश के लिए उत्साह से लबरेज होकर झंडा भी फहराते रहते हैं। इससे मनोबल तो बढ़ता ही है, साथ ही मनोरंजन भी होता है। विकसित समाज में खेल एवं सिनेमा को विशेष महत्त्वपूर्ण माना गया है। इस बात को देश के महान सुपर स्टार अमिताभ बच्चन भी मानते हैं। हाकी, फुटबाल, टेनिस, पोलो, गोल्फ एवं कई खेलों के बाद अब क्रिकेट ने पूरी दुनिया को अपना दीवाना बना रखा है। अब तो देश के मोस्ट वीआईपी राजनीतिज्ञ भी मैदान में उपस्थित रहने लगे हैं। विश्व कप का खेल तो मानो ऐसा प्रतीत होता है, मानो विश्वयुद्ध हो रहा हो और विजेता देश के नागरिक आजाद देश की तरह सड़कों, गलियों, कूंचों में दीवाली मनाते हैं। देश का एक-एक नागरिक झूमता नजर आता है, जबकि झूमने वालों में कुछ को तो क्रिकेट की कोई समझ तक नहीं होती है। बस, सिर्फ यह सुनकर कि मेरा (हमारा) देश जीत गया। क्रिकेट ने अन्य खेलों के साथ-साथ यह जुनून

देशवासियों के दिलों में भर ही दिया है। अब स्कोर नहीं, जीत या हार की बात पूछते हैं। अब हम मूल रूप से क्रिकेट पर फोकस रहते हैं। विश्व क्रिकेट के साथ-साथ भारतीय क्रिकेट एवं उपलब्धियों के लिए थोड़ा सा विषयांतर होना पड़ा है।

जैसा हम ऊपर ही लिख चुके हैं कि क्रिकेट की शुरुआत इंग्लैंड से हुई। पहले एमसीसी के साथ क्रिकेट खेला जाता था, बाद में कई देश इसमें शामिल हो गए। पहले इंग्लैंड से खिलाड़ी भारत आकर जब खेलते थे, तो यह खेल राजा-महाराजाओं तक ही सीमित रहता था। बाद में सभी वर्गों के सभी लोगों के बीच लोकप्रिय होता गया। अब तो यह खेल ट्वेंटी-20, सी बीच (समुद्र के किनारे) तक भी पहुंच गया। चीन, अमेरिका, हांगकांग, केन्या, नीदरलैंड, हालैंड, अफगानिस्तान, मलेशिया, नेपाल जैसे देशों में भी यह लोकप्रिय होता जा रहा है। पहले टीम में मैनेजर साथ रहते थे। अब कोच एवं अन्य सपोर्टिंग स्टाफ भी साथ रहने लगे हैं। धीरे-धीरे यह खेल मनोरंजन का मसाला बन गया है। पैसों के साथ-साथ मनोरंजन (अब तो चीयर्स गर्ल्स भी लोगों का भरपूर मनोरंजन कर रही हैं) भी बढ़ गया। क्रिकेट के ढेर सारे नियम व संविधान में काफी बदलाव आ गया है। यह खेल पूरी दुनिया में मशहूर हो रहा है। यह खेल अब नए कानून के तहत खेले जा रहे हैं। स्टेडियमों की संख्या भी अब काफी बढ़ गई है। पहले फील्ड के बीचों बीच पेड़ भी होते थे। एक वाक्या के मुताबिक एक क्रिकेट मैच के दौरान बल्लेबाज ने शॉट लगाया तो गेंद पेड़ पर टिक गया था और जब तक गेंद नीचे लाया गया, तब तक खिलाड़ी ने दौड़कर 99 रन बना लिए थे, अब ऐसा नहीं रहा।

हर देश के पास अपना क्रिकेट बोर्ड और सलेक्शन कमेटी भी है। अब इन क्रिकेट खेलने वाले देशों को नियंत्रित करने के लिए आई.सी.सी. (इंटरनेशनल क्रिकेट कौंसिल) भी है। जैसे सभी देशों के पास संविधान की रक्षा के लिए सर्वोच्च न्यायालय होता है, वैसा ही क्रिकेट के संविधान के नियमों का पालन हो, इसके लिए आई.सी.सी. भी मौजूद है, तभी तो साफ-सुथरे खेल का मजा भी मिलता है।

प्रथम श्रेणी क्रिकेट के बाद टेस्ट मैच शुरू किया गया। 1871 में इंग्लैंड तथा आस्ट्रेलिया के बीच पहला क्रिकेट टेस्ट मैच शुरू हुआ। चार्ल्स बैनरमैन (आस्ट्रेलिया) ने टेस्ट क्रिकेट में पहला शतक बनाया और उसी के साथ

रिकार्ड बनने और टूटने का सिलसिला शुरू हो गया। बाद में क्रिकेट खेलने वाले देशों की संख्या में भी बढ़ोत्तरी शुरू हो गई। भारत, पाकिस्तान, वेस्टइंडीज, आस्ट्रेलिया, न्यूजीलैंड, इंग्लैंड, दक्षिण अफ्रीका, जिम्बाब्वे, श्रीलंका, बांग्लादेश आदि देशों को भी टेस्ट खेलने का मौका मिलने लगा।

1932-33 में भारत और इंग्लैंड के बीच पहली बार टेस्ट मैच खेला गया। उस समय भारत में सी.के. नायडू काफी प्रसिद्ध हुए। वे सिक्सर लगाने वाले बैट्समैन भी कहे जाते थे। छक्का मारने के कारण वे मशहूर हो गए थे। फिर कुछ दिनों बाद लाला अमरनाथ जैसे खिलाड़ी भी आए। भारतीय टीम भी इंग्लैंड का दौरा करने लगी। जीत का स्वाद कभी-कभी भारतीयों को मिल जाता था, लेकिन हारकर भी कई भारतीय खिलाड़ियों ने दुनिया में शोहरत बटोरी। भारत का भी नाम क्रिकेट जगत में चमका। लोगों ने हमारे खिलाड़ियों का लोहा मानना शुरू कर दिया। फिर विनोद मांकड़ का नाम सुर्खियों में आया। धीरे-धीरे भारतीय क्रिकेट ने विश्व जनमानस पर अपनी अमिट छाप छोड़नी शुरू कर दी। 1947 में भारत-पाकिस्तान विभाजन के बाद भी भारतीय क्रिकेट ने अपना दबदबा कायम रखा। अच्छे खिलाड़ी उभरकर सामने आये। उस समय भारत के पास तेज गेंदबाजों की कमी थी। सिर्फ गेंद की चमक समाप्त करके स्पिनर लगा दिए जाते थे। उसी दौर में मोहम्मद निसार फास्ट बालर के रूप में उभरकर सामने आये। इंग्लैंड, आस्ट्रेलिया, पाकिस्तान, वेस्टइंडीज के खिलाफ भारतीय खिलाड़ियों का दबदबा भी शुरू हुआ और विजयी होने का भी सिलसिला शुरू हो गया।

सत्तर के दशक में भारतीय क्रिकेट ने विश्व में अपनी अलग पहचान बनानी शुरू कर दी। इस समय अजित वाडेकर को क्रिकेट टीम की कमान संभालने का मौका मिला। रूसी सुरती, मोदी, वाडेकर, एस. वेंकटराघवन (बेहतरीन स्पिनर एवं गली के विशेषज्ञ फील्डर थे) चमके। देश का सितारा बुलंद था। भारत ने कुछ महानतम खिलाड़ी दिए हैं, जिनमें सुनील गावस्कर, फारूख इंजीनियर (बेहतरीन विकेट कीपर एवं बल्लेबाज), नारी कांट्रैक्टर, जी आर विश्वनाथ, भागवत चंद्रशेखर (बेहतरीन स्पिनर) ने भारतीय क्रिकेट को माउंट एवरेस्ट की ऊंचाइयों तक पहुंचा दिया। इनसे पूर्व दिलीप सिंह जी (जिनके नाम पर आज भी दिलीप ट्रफ़ी खेली जाती है), रणजीत सिंह जी (जिनके नाम पर रणजी ट्राफी है) ने काफी सुर्खियां बटोरी थीं। 1971 में भारत

के आज तक के सर्वकालिक ओपनर सुनील गावस्कर ने वेस्टइंडीज की धरती पर भारत का लोहा मनवाया। यह भी याद रखने की जरूरत है कि गावस्कर तथा विश्वनाथ अक्सर हेल्मेट नहीं पहना करते थे। इसके बावजूद उन्होंने वेस्टइंडीज के कई खूंखार गेंदबाजों का जमकर सामना किया और गावस्कर के नाम पर आज भी वेस्टइंडीज में कैलिस्पो संगीत बजाया जाता है। गावस्कर जब बैटिंग करते थे, तो वहां के दर्शक झूम उठते थे। जी आर विश्वनाथन का स्क्वायर कट आज भी दुनिया में इज्जत के साथ याद किया जाता है, जिसे बाद में अजहरुद्दीन एवं अशोक मल्होत्रा ने भी अपनाया। 1971 में सुनील गावस्कर ने चार टेस्ट मैचों में वेस्टइंडीज में 771 रन बनाकर तहलका मचा दिया था। पूरी दुनिया भारतीय पराक्रम के आगे स्तब्ध एवं नतमस्तक थी। अजित वाडेकर की कप्तानी में भारत ने पहली बार इंग्लैंड को उसी की धरती पर शिकस्त दी थी। तब हमारे देश में चार महान स्पिनरों ने अपना जलवा विखेरना शुरू कर दिया था। इसी दौर में नवाब पटौदी ने भी अपनी चमक बिखेरकर भारत को शिखर पर पहुंचाया था। अजित वाडेकर और फिर बिशन सिंह बेदी का कमाल भी खेल प्रेमियों के सामने आया। बिशन सिंह बेदी (लेग स्पिनर), इरापल्ली प्रसन्ना (आफ स्पिनर), एस. वेंकटराघवन (आफ स्पिनर) तथा भागवत चंद्रशेखर (लेग स्पिनर) ने अपनी स्पिन गेंदबाजी के जादू से दुनिया को अपना लोहा मनवाया। कभी-कभी ही ये चारों खिलाड़ी साथ-साथ खेलते थे। चंद्रशेखर के बारे में तो मशहूर था कि एक बार लाइन लेंथ मिल गया, तो फिर उनके सामने खेलने वाले खिलाड़ी को पैवेलियन लौटने में समय नहीं लगता था। चंद्रशेखर के सामने इंग्लैंड टीम के खिलाड़ी ज्यादा परेशान दिखते थे।

कुछ दिनों में ही भारत के पास बेहतरीन बल्लेबाजों का तांता लग गया। कुछ फास्ट बालर एवं कुछ खासकर बेहतरीन विकेट कीपर भारतीय टीम को मिले। फास्ट बालरों के रूप में मदनलाल, करसन घावरी, महेन्द्र अमरनाथ जैसे खिलाड़ी सामने आए, तो बृजेश पटेल जैसे साहसिक स्ट्रोक प्लेयर भी सामने आए। यशपाल शर्मा, दिलीप वेंगसरकर, सैयद किरमानी ने फारूक इंजीनियर की परंपरा को आगे बढ़ाया। सैयद किरमानी के साथ ही भारतीय क्रिकेट में विकेट कीपर आलराउंडर खिलाड़ी के शामिल होने की परंपरा की शुरुआत हुई। इसी के साथ दूसरे देशों ने विकेट कीपर चुनने के साथ-साथ उसकी बल्लेबाजी पर भी ध्यान देना शुरू कर दिया।

1978 का साल भारत के लिए काफी अच्छा एवं नाम कमाने वाला रहा। भारत और पाकिस्तान के क्रिकेट संबंध 1965 की लड़ाई के बाद समाप्त हो गए थे, जो काफी प्रयासों के बाद 1978 में फिर से बहाल हो सके थे। बिशन सिंह बेदी की कप्तानी में भारत ने पाकिस्तान का दौरा किया। उस टीम में एक मुख्य तेज गेंदबाज के रूप में कपिल देव का पदार्पण हुआ, जिसे बाद में हरियाणा एक्सप्रेस का खिताब मिला। उस समय पाकिस्तानी टीम में इमरान खान तथा सरफराज नवाज जैसे तेज गेंदबाज थे। कपिल देव ने बेहतरीन आल राउंडर की अमिट छाप छोड़ी। 1978 में वेंकटराघवन कप्तान बने। उनकी कप्तानी में भारत ने इंग्लैंड का दौरा किया। ओवल टेस्ट में सुनील गावस्कर ने तूफानी पारी (दोहरा शतक) खेली, लेकिन अम्पायर के गलत निर्णय के कारण भारत वह टेस्ट नहीं जीत सका और मैच ड्रा हो गया। इस मैच के बाद दुनिया के तमाम देशों ने कहा था कि क्रिकेट का नया बादशाह अब भारत ही बनेगा।

सुनील गावस्कर के अथक प्रयास से रवि शास्त्री टीम में आए और अपने बेहतरीन आलराउंडर बनने की क्षमता से दुनिया को रूबरू कराया। न्यूजीलैंड के साथ हुए टेस्ट मैच में दिलीप दोषी का घायल होना और रवि शास्त्री का टीम में आना सौभाग्यशाली साबित हुआ और फिर बाद में अनिल कुम्बले ने बेहतरीन स्पिनर के रूप में जन्म लिया। शेन वार्न (आस्ट्रेलिया), मुथैया मुरलीधरन (श्रीलंका) के बाद दुनिया में नाम कमाने वाले अनिल कुम्बले ही हैं। सुनील गावस्कर, जी आर विश्वनाथ, दिलीप वेंगसरकर के बाद कपिल देव कप्तान बने। कपिल देव ने जो किया, वह सारी दुनिया जानती है। उनके बाद अजहरुद्दीन कप्तान बने और कई सालों तक अपनी कप्तानी, बैटिंग तथा बेहतरीन क्षेत्ररक्षण के चलते भारत को जीत दिलाई।

1871 में टेस्ट मैच और ठीक सौ साल बाद 1971 में वनडे इंटरनेशनल मैच खेला गया। उस समय वनडे में भारत नौसिखिया जैसा खेलता था। सुनील गावस्कर ने पहले विश्व कप में पूरे 60 ओवर खेलकर नाबाद 36 रन (पहले एकदिवसीय मैच 60 ओवर के होते थे) बनाये। धीरे-धीरे खेल में सुधार आया और अब टीम ने पूरी दुनिया में अपना लोहा मनवाया।

1975 से क्रिकेट विश्व कप की शुरुआत हुई और पहले दोनों खिताब वेस्टइंडीज ने जीते। क्लाइव लायड, विवियन रिचर्ड्स और उनके तेज गेंदबाजों ने वेस्टइंडीज को दोनों बार खिताब दिलवाये। 1983 में भारतीय टीम की कमान

कपिल देव के हाथों में आई और भारत तीसरा विश्व कप खेलने के लिए इंग्लैंड पहुंचा। उस समय टीम में मोहिन्दर अमरनाथ, संदीप पाटिल, कीर्ति आजाद, बी. एस. संधू, रवि शास्त्री, सैयद किरमानी (विकेट कीपर), मदनलाल, विस्फोटक ओपनर कृष्णामचारी श्रीकांत वगैरह थे। रोजर बिन्नी ने भी उस विश्व कप में तहलका मचाया था। जिम्बाब्वे के खिलाफ 17 रन पर 5 विकेट गिरने के बाद कपिल देव (175 की नाबाद पारी), मदनलाल तथा किरमानी के बेहतरीन खेल ने विश्व कप पर भारतीय टीम को काबिज कराया। कपिल देव की सेना ने 183 रन बनाने के बावजूद फाइनल में वेस्टइंडीज की तगड़ी टीम को 6 ओवर बचे रहने के बावजूद 43 रन से हराकर विश्व विजेता बना। मोहिन्दर अमरनाथ ने सेमीफाइनल तथा फाइनल में मैन आफ द मैच का खिताब जीता था। तभी से भारत को सम्मान की निगाहों से देखा जाने लगा। उसके बाद भारत ने एशिया कप जीता, जिसमें सुरेन्द्र खन्ना (विकेट कीपर) ने कमाल दिखाया था।

1985 में आस्ट्रेलिया में रवि शास्त्री ने आल राउंडर प्रदर्शन कर चैम्पियंस आफ चैम्पियंस का खिताब दिलाया। इसके बाद भारतीय खिलाड़ी कहां रुकने वाले थे।

1989 में भारतीय क्रिकेट में एक बालक (15 वर्ष का) का आगमन हुआ। जिसे आज क्रिकेट का भगवान सचिन तेंदुलकर कहा जाता है। इनके रिकार्ड की चर्चा न की जाए तो बेहतर है। जैसे भगवान की लीला कोई नहीं जानता, ऐसे ही तेंदुलकर की लीला कोई नहीं जानता। वेस्टइंडीज के ब्रायन लारा भी तेंदुलकर से पीछे रह गए और भारत महान बन गया। भगवान करे क्रिकेट का यह भगवान सदैव खेलता रहे। इससे ज्यादा इनके बारे में क्या लिखा जा सकता है। 1992 में सुनील गावस्कर एवं दक्षिण अफ्रीका के राष्ट्रपति नेल्सन मंडेला के अथक प्रयास के बाद दक्षिण अफ्रीका को फिर से क्रिकेट खेलने का मौका मिला। 60 के दशक में ही रंगभेद नीति के कारण दक्षिण अपीका को खेल जगत से बैन कर दिया गया था। 1996 में सौरभ गांगुली (दादा) का पदार्पण हुआ। राहुल द्रविण भी उसी समय टीम में आए। दोनों का खेल इतना जोरदार रहा कि आज भी इनका नाम इज्जत से लिया जाता है। ग्रैग चैपल की वजह से सौरभ गांगुली का क्रिकेट कैरियर समय पूर्व (आई. पी.एल. को छोड़कर) ही समाप्त हो गया। चैपल ने भारतीय टीम को तोड़कर रख दिया। ये सौरव गांगुली थे, जिन्होंने अजित वाडेकर की तरह विदेश में

जीतने का जोश दिखाया। एंड्रयू फ्लिंटाफ ने अपनी शर्ट जमीन पर लहराई, तो गांगुली ने लार्ड्स की बालकनी में पर खड़े होकर अपनी टी शर्ट लहराकर उन्हें करारा जवाब दिया। आस्ट्रेलिया जैसे देश को उन्हीं की मांद में हराकर देश का परचम लहराया।

सचिन तेंदुलकर के कप्तान बनने की चर्चा चली लेकिन उन्होंने भारतीय क्रिकेट बोर्ड के अध्यक्ष शरद पवार को मना कर दिया। तेंदुलकर ने महेन्द्र सिंह धोनी के नाम की सिफारिश की। इस तरह भारतीय टीम की कमान महेन्द्र सिंह धोनी को सौंप दी गई। विश्व कप जीतने के बाद जिस तरह से देश और दुनिया के अन्य मुल्कों, खास कर पड़ोसी देश पाकिस्तान में जश्न का जो माहौल था वह दर्शाता है कि जीत की खुशी सभी को है और उसे व्यक्त करने में कोई भी सरहद बाधा नहीं बन सकती है।

18

खिलाड़ियों के प्रदर्शन पर एक नज़र

भारत और श्रीलंका के बीच अब तक कुल 128 मैच खेले गए हैं, जिनमें से 67 में भारत को जीत मिली है, 50 में श्रीलंका को और 11 में कोई नतीजा नहीं निकला। पहली बार दोनों देश 16 जून 1979 को मैनचेस्टर में भिड़े थे। श्रीलंका ने यह मैच 47 रन से जीता था। जबकि 28 अगस्त 2010 को दांबुला में खेले गए मैच में भी जीत का सेहरा श्रीलंका के ही सिर बंधा। श्रीलंका ने यह मैच 74 रनों से जीता। दोनों देशों के बीच पिछले 10 मैचों में से 5 दांबुला में, 4 ढाका में, एक बुलावायो तथा एक हरारे में खेला गया है। इनमें से 6 में श्रीलंका और 4 में भारत जीता। पहले बल्लेबाजी करते हुए श्रीलंका ने छह विकेट के नुकसान पर 274 रनों का चुनौतीपूर्ण स्कोर खड़ा किया। इसमें महेला जयवर्द्धने के शतक की अहम भूमिका रही। भारत पर बैटिंग पावर प्ले भारी पड़ा और श्रीलंका ने अंतिम पांच ओवरों में 63 रन जोड़े। शुरू के पांच ओवरों में छह रन देने वाले जहीर खान ने अंतिम पांच ओवरों में 54 रन दिए और उसमें भी अंतिम दो ओवरों में 35 रन। इस स्कोर तक पहुंचाने में अहम भूमिका निभाने वाली दूसरी पारी तिसारा परेरा की रही, जिन्होंने नौ गेंदों में तीन चौके और एक छक्का मारकर 22 रन ठोक दिए। वैसे इस विश्व कप में सबसे ज्यादा रन बनाने वाली श्रीलंका की सलामी जोड़ी भारत के विरुद्ध कुछ खास नहीं कर पाई। पहले जहीर खान ने उपुल तरंगा को विकेट के पीछे पहली स्लिप में वीरेंदर सहवाग के हाथों कैच आउट करा दिया। दिलशान ने इस टूर्नामेंट में कुल 500 रन बनाए हैं। उस समय श्रीलंका का स्कोर 17 रन था और ये विकेट

सातवें ओवर में गिरा। उसके बाद टूर्नामेंट में सबसे ज्यादा रन बनाने वाले दिलशान हरभजन सिंह की एक गेंद पर बोल्ड हो गए। उन्होंने 33 रन बनाए। इस तरह टूर्नामेंट में उनका कुल स्कोर 500 रन रहा। श्रीलंका का दूसरा विकेट 60 के स्कोर पर गिरा, जिसके बाद कप्तान संगकारा ने महेला जयवर्द्धने के साथ मिलकर 62 रन और जोड़े। इसके बाद युवराज सिंह की एक गेंद खेलने के चक्कर में संगकारा का कैच विकेट के पीछे धोनी ने लपका। संगकारा 48 रन बनाकर आउट हुए। इसके बाद जयवर्द्धने ने समरवीरा के साथ मिलकर चौथे विकेट के लिए 57 रन की साझेदारी की और तभी युवराज की गेंद पर समरवीरा 21 रन बनाकर एलबीडब्ल्यू हो गए। अगले खिलाड़ी चमारा कपुगेदरा अभी रुककर पिच को समझते कि अगले ही ओवर में जहीर खान की गेंद पर उनका कैच शार्ट एक्स्ट्रा कवर में खड़े सुरेश रैना ने लपक लिया। श्रीलंका के लिए हुई कई प्रमुख साझेदारियों में जयवर्द्धने के साथ नुवान कुलसेकरा की भी पारी रही, जिन्होंने 66 रन जोड़े और कुलसेकरा ने 30 गेंदों में 32 रन बनाए। इसमें एक चौका और एक छक्का शामिल था।

इससे पहले टास को लेकर एक बार अनिश्चितता की स्थिति बन गई थी, क्योंकि पहली बार जब सिक्का उछाला गया तो मैच रेफरी सुन नहीं पाए कि कुमार संगकारा ने क्या कहा। उसके बाद दोबारा टॉस करना पड़ा और श्रीलंकाई कप्तान कुमार संगकारा ने टॉस जीतने के बाद पहले बल्लेबाजी करने काप फैसला किया। भारत ने सेमीफाइनल में खेले आशीष नेहरा की जगह एस. श्रीसंत को टीम में शामिल किया था। नेहरा के घायल होने के बाद आर. अश्विन को शामिल किए जाने की चर्चा थी, मगर ऐसा नहीं हुआ। श्रीलंका ने एंजेलो मैथ्यूज, अजंता मेंडिस, रंगना हेरात और चमारा सिल्वा की जगह तिसारा परेरा, सूरज रनदीव, नुवान कुलसेकरा और चमारा कापुगेदरा को शामिल किया।

19

मीडिया की नज़र में...

क्रिकेट विश्व कप में शानदार जीत के बाद भारत में शनिवार की रात जश्न की रात थी और जीत की पहली सुबह टीम इंडिया के लिए सलामी लेकर आई है। रविवार की सुबह सभी भारतीय अखबारों में भारतीय क्रिकेट टीम के विश्व कप जीतने की खबरें और तस्वीरें मोटे अक्षरों में छायी रहीं। राष्ट्रीय दैनिक हिन्दुस्तान ने मुख्य पृष्ठ पर छपी टीम इंडिया के जश्न की तस्वीर के साथ खबर को शीर्षक दिया- जीत लिया जग सारा। हिन्दुस्तान लिखा कि टीम इंडिया ने अपनी जीत के साथ 1983 का इतिहास दोहरा दिया है। 1983 में कपिल देव के रणबांकुरों ने लार्ड्स में जिस सफलता को प्राप्त किया वही कामयाबी श्रीलंका को हराकर धोनी एंड कंपनी ने अर्जित किया। हमने विश्व कप जीतकर आसमां पर लिख दिया नयी इबारत। 121 करोड़ हिंदुस्तानियों का भरोसा अब सच्चाई में बदलता नजर आ रहा कि 21वीं सदी भारत की है। हिंदी समाचार पत्र दैनिक भास्कर ने लिखा है कि 28 साल का वनवास खत्म ... श्रीलंका को हराकर जीता विश्व कप और आसमां में लिख दिया भारत। दैनिक भास्कर ने इस मौके पर विशेष अंक निकालते हुए हर पन्ने पर जीत की तस्वीरें प्रकाशित कीं। समाचार पत्र अमर उजाला के प्रथम पृष्ठ पर विश्व कप थामे भारतीय टीम की तस्वीर थी जिसका शीर्षक है हम हैं शहंशाह, हमसे है दुनिया, किस तरह सेमीफाइनल में पाकिस्तान को हराकर और फाइनल में श्रीलंका को हराकर भारतवासियों ने तीन दिन में दो बार मनाई दीवाली। अंग्रेजी दैनिक पत्र संडे पायनियर ने लिखा, वी आर द वर्ल्ड (हमसे है दुनिया) धोनी की सेना ने किया मुंबई में लंका दहन। अंग्रेजी दैनिक हिंदुस्तान टाइम्स भी जीत की खबरों से सराबोर रहा। हिंदुस्तान टाइम्स ने वानखेड़े में टीम इंडिया की

चैंपियंस लिखी तस्वीर छापी और लिखा है कि जो इतिहास बनाते हैं वे सभी बाधाओं को पार करते हैं। हिंदुस्तान टाइम्स का कहना है कि आज तक किसी टीम ने अपनी धरती पर कप नहीं जीता और फाइनल दौर में इतने बड़े स्कोर का मुकाबला नहीं किया, लेकिन भारत ने यह सब कर दिखाया। अंग्रेजी अखबार टाइम्स आफ इंडिया का शीर्षक था, दुनिया हमारे कदमों में। अखबार लिखता है कि इस जीत के साथ एक और किंवदंती पुरुष का जन्म हुआ जिसका नाम है महेंद्र सिंह धोनी। अखबार ने भारतीय टीम के कप्तान महेंद्र सिंह धोनी को हर चीज को सोना बनाने वाले ग्रीस के राजा मिडार्स के नाम पर मिडास सिंह धोनी का नाम दिया है। टीम इंडिया की जीत पर किसने क्या कहा उसे समाचार पत्रों ने प्रमुखता से स्थान दिया। भारतीय क्रिकेट टीम की चहुंओर हो रही तारीफ को भला मीडिया कैसे छोड़ देता, सबकी भावनाओं को बताने का यह सुंदर मौका था। राष्ट्रपति प्रतिभा देवीसिंह पाटिल ने भारतीय क्रिकेट टीम को बधाई दी। कप्तान धोनी को भेजे संदेश में राष्ट्रपति ने कहा – सफलता का मार्ग लंबा और मुश्किलों से भरपूर रहा है, आप और आपकी टीम का हर स्तर पर इम्तिहान हुआ है। आप सभी करोड़ों भारतीयों के धन्यवाद के पात्र हैं। प्रधानमंत्री डा. मनमोहन सिंह ने कहा- धोनी और टीम के खिलड़ियों की कड़ी मेहनत रंग लाई है। भारतीय टीम ने दिखा दिया है कि वह क्रिकेट के खेल में सबसे ऊपर है। मैं इस जीत पर भारतीय क्रिकेट टीम को बधाई देता हूं। यूपीए अध्यक्ष सोनिया गांधी ने कहा- भारतीय टीम की जीत सुनहरे अक्षरों में दर्ज की जाएगी। कर्नाटक सरकार ने खिलाड़ियों को प्लाट देने का ऐलान किया। लोकसभा में विपक्ष की नेता सुषमा स्वराज ने कहा कि भारतीय टीम ने देश को गौरवान्वित किया है। भारतीय टीम की तारीफ करते हुए रेल मंत्री ममता बनर्जी ने कहा कि सरकार को जीत मनाने के लिए एक दिवसीय राश्ट्रीय अवकाश घोषित करना चाहिए। वरिष्ठ भाजपा नेता लालकृष्ण आडवाणी ने इस जीत को देश के लिए अद्भुत अवसर करार दिया है। वरिष्ठ कांग्रेसी नेता एवं केंद्रीय वित्त मंत्री प्रणब मुखर्जी ने कहा कि मैं बहुत खुश हूं कि भारत एक बार फिर विश्व चैंपियन बन गया है। उधर कर्नाटक के मुख्यमंत्री बीएस येदियुरप्पा ने घोषणा की है कि उनकी सरकार विजयी भारतीय टीम के सदस्यों को बेंगलुरू में एक रिहायशी प्लाट देगी।

टीम इंडिया की जीत पर केवल भारत के लोग ही नहीं बल्कि सरहद पार पाकिस्तान के लोग भी काफी खुश थे। उनकी खुशी का कारण बस यही था

कि चलो विश्व कप हमारे पड़ोसी मुल्क में तो आया। लोग सचिन तेंदुलकर के लिए दुआएं मांग रहे थे। सचिन के चाहने वाले वाघा बार्डर के उस पार भी बहुत हैं। भारत और श्रीलंका के बीच विश्व कप का फाइनल मुकाबला शुरू ही हुआ था कि दिल्ली आफिस से रूपा झा का फोन आया और कहने लगीं कि मैच को लेकर पाकिस्तान में कैसा माहौल है, मैंने जवाब दिया कि जिस तरह भारत और पाकिस्तान के बीच हुए सेमीफाइनल के दौरान लोगों में उत्साह था, उस तरह का जोश तो नहीं है, लेकिन क्रिकेट प्रेमी यह महामैच जरूर देख रहे हैं। लगभग एक घंटे के बाद मैं घर से निकला और पास की एक मार्केट में चला गया। कुछ क्रिकेट प्रेमी एक जनरल स्टोर के सामने टीवी रखकर मैच का लुत्फ उठा रहे थे। जब मैंने उनसे पूछा कि वे कौन-सी टीम का समर्थन कर रहे हैं, तो सभी ने एक स्वर में कहा कि श्रीलंका। दरअसल ये क्रिकेट प्रेमी भारतीय टीम से बहुत नाराज थे, क्योंकि भारत ने सेमीफाइनल में पाकिस्तानी टीम को हरा दिया था। लेकिन इसके उलट कई क्रिकेट प्रेमी विश्व कप केवल सचिन तेंदुलकर के लिए चाहते थे। जैसा कि उनके एक फैन ने बताया कि सचिन तेंदुलकर के पास खुदा का दिया हुआ सब कुछ है, उनका बहुत सम्मान है। क्रिकेट की दुनिया में उन्होंने लभगग सभी कीर्तिमान स्थापित किए हैं, लेकिन उनके पास विश्व कप का खिताब नहीं है, तो मैंने आज सुबह वाली नमाज में उनके लिए दुआ मांगी है कि अल्लाह मियां इस भारत को विश्व कप जितवा दे और सचिन को सब कुछ दे। शाहिद, कराची के निवासी अब वे चाहते थे कि श्रीलंका भारत को हराकर पाकिस्तान का बदला ले सके। जब श्रीलंका का कोई खिलाड़ी अच्छे रन बनाता तो वह तालियां मारते और श्रीलंका के नारे लगाते। एक दूसरी दुकान में भी सात-आठ क्रिकेट प्रेमी मैच देख रहे थे और वह भी श्रीलंका का समर्थन कर रहे थे। जब सुरेश रैना ने श्रीलंका के बल्लेबाज के रन रोके तो मुझे उस समय तालियों की आवाज सुनाई दी। अल्लाह सचिन को सब कुछ दे। मैं आगे बढ़ा और देखा कि मोबाइल फोन की एक दुकान पर तीन युवक क्रिकेट देख रहे हैं और जब मैंने उनसे पूछा कि वे कौन-सी टीम का समर्थन कर रहे हैं तो उन्होंने बताया कि वे भारत के साथ हैं। मैंने कारण पूछा तो उन्होंने बताया कि वे सचिन तेंदुलकर के बहुत बड़े प्रशंसक हैं और वे चाहते हैं कि इस बार भारत विश्व चैम्पियन बने, यह शब्द कहते हुए शाहिद काफी भावुक हो गए थे। ये तो मुझे पता था कि पाकिस्तान में सचिन के प्रशंसक बहुत हैं, लेकिन उनसे इतना प्यार

करने वाला कभी नहीं देखा था। खबरें मिली थीं कि भारतीय जीत के बाद कराची के कुछ इलाकों में पटाखों की आवाज सुनाई दी और पूछने पर पता चला कि वह भी सचिन तेंदुलकर के प्रशंसक थे, जिन्होंने सचिन को खुश देखते हुए पटाखे फोड़े थे। सचिन के करोड़ों प्रशंसकों की दुआ के चलते ही भारत क्रिकेट का विश्व चैम्पियन बन गया है।

सचिन के बाद जो दूसरा नाम मैच की जीत के बाद मीडिया की सुर्खियों में रहा वो युवराज का था। युवराज सिंह को क्रिकेट विश्व कप 2011 का प्लेयर आफ द टूर्नामेंट चुना गया है। युवराज सिंह ने इस विश्व कप में 86. 19 की औसत से 362 रन और 15 विकेट चटकाये। प्लेयर आफ द टूर्नामेंट की ट्राफी लेने के बाद युवराज सिंह ने कहा कि शनिवार को भारतीय क्रिकेट टीम चैम्पियन की तरह खेली। विश्व कप में भारत की जीत के बाद युवराज सिंह ने कहा कि यकीन नहीं हो रहा। पहले अंडर-19 विश्वकप, फिर टी20 विश्वकप, लेकिन ये जीत सबसे खास है। युवराज सिंह ने क्रिकेट विश्व कप में चार बार मैन आफ द मैच का खिताब अपने नाम किया है। बल्ले के अतिरिक्त युवराज ने गेंद से भी अपना खूब जलवा दिखाया और टूर्नामेंट में 15 विकेट चटकाये। युवराज की टिप्पणी थी-हमारी टीम में कोई बाएं हाथ का स्पिनर नहीं था। इसलिए मेरे जिम्मे दस ओवर फेंकना था। नरेंद्र हिरवानी ने मेरी इस काम में बड़ी मदद की और इसीलिए आज मुझे यह ट्राफी मिली। यह पूछे जाने पर कि वह जीत का जश्न कैसे मनाएंगे, युवराज सिंह ने कहा कि आज की रात गजब की होने वाली। मैं यह नहीं बता सकता कि हम क्या करने वाले हैं, लेकिन पूरे देश का शुक्रिया जरूर अदा करता हूं। उधर चंडीगढ़ में युवराज सिंह के पिता योगराज सिंह की खुशी का कोई ठिकाना नहीं रहा। योगराज सिंह का कहना था कि वह अपने बेटे से मिलने के लिए बेकरार हैं और जब वे युवराज से मिलेंगे तो उनकी खुशी के आंसू रुक नहीं पाएंगे। यह पूछे जाने पर कि युवराज से मिलने पर सबसे पहले वह क्या करेंगे, योगराज सिंह ने कहा कि मुझे लगता है कि मैं उससे लिपट जाऊंगा और फिर शायद रो भी दूं। उसने हम सबको गौरवान्वित जो किया है। योगराज सिंह ने यह भी कहा कि बचपन में युवराज स्केटिंग करना पसंद करते थे, लेकिन उन्होंने युवराज को जबरदस्ती क्रिकेट खिलाड़ी बनाया।

शनिवार की रात क्रिकेट विश्व कप में भारत की जीत के बाद से देशभर में उत्सव जैसा माहौल है। रविवार को भी जश्न का सिलसिला थमने का नाम

नहीं ले रहा है, क्या गांव, क्या कस्बा और क्या शहर, सब जगह लोग क्रिकेट का विश्व विजेता देश बनने के नशे में सराबोर हैं। नेता और अभिनेता भी इसमें पीछे नहीं हैं। रविवार को राष्ट्रपति प्रतिभा देवीसिंह पाटिल ने सभी विजेता खिलाड़ियों को मुंबई में राजभवन में शाम की चाय के लिए आमंत्रित किया और उनसे मुलाकात की। इस अवसर पर महाराष्ट्र के मुख्यमंत्री पृथ्वीराज चव्हाण और केंद्रीय मंत्री शरद पवार भी मौजूद थे। कप्तान महेंद्र धोनी रविवार को नए अवतार में नजर आए। उन्होंने अपने बाल कटवा लिए। जीत के साथ ही खिलाड़ियों को सम्मानित और पुरस्कृत करने का क्रम भी आरंभ हो गया है। भारतीय क्रिकेट कंट्रोल बोर्ड (बीसीसीआई) ने टीम के सभी खिलाड़ियों को एक-एक करोड़ रुपये और चयनकर्ताओं को 25-25 लाख रुपए देने का ऐलान किया गया।

मीडिया में विश्व कप की जीत के जश्न को पूरी प्रमुखता के साथ दिखाया गया। शनिवार रात को विश्व कप में जीत के बाद से ही लोगों ने सड़कों पर निकलकर जश्न मनाया, सुबह तक सड़कों पर गाड़ियों का रेला लगा रहा और इंडिया-इंडिया के नारे हवा में गूंजते रहे। राजधानी दिल्ली में कांग्रेस अध्यक्ष सोनिया गांधी भी भारत की जीत के बाद गाड़ी में सड़कों पर निकलीं और दिल खोलकर ख़ुशी मनाई। मुंबई में एक ओर जहां सड़कों पर लोगों का जमावड़ा रहा, वहीं अमिताभ बच्चन समेत बालीवुड की कई हस्तियां सड़कों पर जश्न मनाती नजर आयीं। उधर भारत को विश्व कप दिलाने वाले खिलाड़ियों और उनके परिजनों की भी खुशी का कोई ठिकाना नहीं है। भारतीय टीम के सदस्यों ने भी जीत का पूरा-पूरा लुत्फ उठाया। टीम के कई खिलाड़ियों ने इस विश्व कप को सचिन तेंदुलकर के नाम किया है। कप्तान महेंद्र सिंह धोनी को उनकी नाबाद 91 रनों की पारी के लिए मैन आफ द मैच चुना गया था, जबकि युवराज सिंह को मैन आफ द टूर्नामेंट से नवाजा गया। अंतरराश्ट्रीय जगत से भी बधाई संदेश मिल रहे हैं। पाकिस्तान के प्रधानमंत्री यूसुफ रजा गिलानी ने भी भारतीय प्रधानमंत्री मनमोहन सिंह को भारतीय क्रिकेट टीम की जीत पर बधाई दी। इस बीच आईसीसी ने टीम आफ द टूर्नामेंट घोषित की, जिसमें भारत के सचिन तेंदुलकर, युवराज सिंह और जहीर खान को जगह मिली है। हालांकि भारतीय कप्तान धोनी का नाम इस सूची में नहीं है, वहीं आईसीसी ने फाइनल मैच में ओवरों की धीमी गति के लिए भारतीय टीम पर जुर्माना लगाया है। भारतीय खिलाड़ियों की 10 फीसदी मैच

फीस काटी जाएगी, जबकि धोनी की 20 फीसदी मैच फीस काटी जाएगी।

शनिवार को मिली जीत के बाद भारत के लिए एक नई कहानी शुरू हो जाती है। यह कहानी एक ऐसी रात की है, जिसे भारत ने ही नहीं बल्कि दुनिया के तमाम देश याद रखेंगे। यह कहानी है एक ऐसे व्यक्ति की, जिसने अपने जीवन के 30वें बसंत में ऐसा कारनामा कर दिया है जिसे भारतीय क्रिकेट जगत सदियों-सदियों तक याद रखेगा। इस पुस्तक को पढ़ने वाले तमाम पाठक कहीं न कहीं इस पुस्तक के माध्यम से इतिहास के उस पल के गवाह बनेंगे, जिस रात में एक साथ देश ही नहीं विदेशों तक में होली और दिवाली का जश्न मना। दूसरे दिन रविवार की सुबह अखबारों के पहले पन्ने पर उन सेना-नायकों की तस्वीरें और उनके कारनामों के किस्से छपे, जिन्होंने अपनी निष्ठा और लगन से भारतीय क्रिकेट को ही नहीं बल्कि देश का मान सम्मान दुनिया में बढ़ाया। हम बात करने जा रहे हैं 28 वर्षों बाद देश को क्रिकेट का विश्व कप दिलाने वाले कैप्टन कूल महेन्द्र सिंह धोनी की। जिसे लोग माही के नाम से भी जानते हैं। दोस्तों द्वारा प्यार से रखा गया यह नाम (माही) आज हर एक की जुबान पर है। शहर से लेकर गांव और कस्बों से लेकर गली-मुहल्लों तक सभी जगह माही की चर्चा है। हम बात कर रहे हैं दो अप्रैल (2011) की उस रात की जब धोनी की टीम नें 28 वर्षों के बाद दूसरी बार भारत को वर्ल्डकप का तोहफा दिया। इस जीत के साथ जहां एक ओर देश को वर्ल्डकप मिला, तो दूसरी ओर क्रिकेट का भगवान माने जाने वाले सचिन की वर्षों की मेहनत का फल मिला। शनिवार देर रात जैसे ही वानखेड़े स्टेडियम में भारतीय कप्तान महेंद्र सिंह धोनी ने निर्णायक शाट खेला, सारा स्टेडियम खुशी से झूम उठा, पर स्टेडियम के बाहर सड़कों पर जिस तरह की खुशी की आंधी चल रही थी, वह स्टेडियम के अंदर की तुलना में कहीं ज्यादा थी। वानखेड़े स्टेडियम के विभिन्न गेट से लेकर पांच किलोमीटर तक लोग सड़कों के किनारे भारतीय तिरंगा लिए खड़े थे और वंदे मातरम् से सारी मुंबई गुंजायमान हो उठी थी। एक कहावत कई बार सुनी थी कि मुंबई शहर कभी सोता नहीं है, लेकिन शनिवार की रात और रविवार की सुबह इस कहावत को अपनी आंखों से सच होते देखा। वह चाहे अमिताभ और अभिषेक बच्चन हों अथवा अन्य फिल्मी सितारे, तकरीबन सारा बालीवुड और अनेक राजनेता अपनी-अपनी गाड़ियों से बाहर निकलकर सड़कों पर उतर आए। किसी भी बड़ी शख्सियत को सुरक्षा आदि की जरा भी परवाह नहीं थी और वे किसी

भी आम आदमी से पूरी सहजता से मिल रहे थे, हाथ हिला रहे थे और 28 साल बाद मिली इस भारतीय जीत का जश्न मन रहा था। मुंबई की मशहूर मरीन ड्राइव पर तो मीलों तक गाड़ियों की कतार थी, जिन पर बच्चे, बड़े और जवान सवार हो:कर तिरंगा लहरा रहे थे। मुंबई की सड़कों पर जगह-जगह ऐसा ही नजारा था शहर में हर तरु से जश्न की खबरें आ रही थीं, पटाखों की आवाज से मुंबई गूंज उठी थी और माहौल एकदम अद्‌भुत था। जैसे ही भारतीय टीम की बस स्टेडियम से होटल की ओर चली, हजारों की तादात में लोगों ने गेटवे अफ़ इंडिया पर स्थित ताज होटल की ओर रुख किया। होटल के आसपास शायद ही कोई ऐसा पेड़ बचा था, कोई ऐसी इमारत बची थी, जिस पर लोग चढ़कर इस ऐतिहासिक रात का लुत्फ नहीं उठा रहे थे। जीत के जश्न का यह जुनून रविवार सुबह तक भी जारी रहा। क्रिकेट के सैकड़ों दीवाने ऐसे भी थे, जो अपनी चहेती टीम के होटल के समक्ष अगला दिन भी बिताने की चाह रखते थे। सुबह लगभग 10 बजे मुंबई में निकला तो हर नुक्कड़, चौराहे और चाय की दुकान पर शनिवार की ऐतिहासिक जीत के ही चर्चे थे। शहर के स्थानीय अखबारों के 70 प्रतिशत पृष्ठ सिर्फ जीत को ही समर्पित थे और रेडियो पर मां तुझे सलाम और सबसे आगे होंगे हिंदुस्तानी जैसे गानों का बोलबाला था। हर तरफ बात टीम की जीत की, खिलाड़ियों के लिए लगातार की जा रही इनामी राशि की घोषणाओं की थी तथा इंतजार एक विजय जुलूस का था। भारत जैसे देश में जहां क्रिकेट को मजहब की तरह देखा जाता है, उस मुल्क के खिलाड़ियों ने क्रिकेट के महान खिलाड़ी सचिन तेंदुलकर को विश्व कप का सबसे नायाब तोहफा जो दिया था।

पूरा देश टीम इंडिया के विश्व विजेता बनने के चलते बेहद खुश है, हर कोई नाच रहा है, पिछले 28 साल से अधूरा ख्वाब पूरा हो गया है। क्या आम और क्या खास सभी जीत की खुशी में मस्त हैं, क्रिकेट ने सबको ऐसा प्लेटफार्म दे दिया है जिस पर सभी आम और खास की गाड़ियां आकर रुक गईं। जब देश इस ऐतिहासिक जीत के जश्न में झूम रहा था तब दिल्ली में कांग्रेस अध्यक्ष सोनिया गांधी भी खुद को इससे दूर नहीं रख पाई और आधी रात को दिल्ली की सडकों पर उतरे फैंस के साथ मिलकर जीत का जश्न मनाया। सुरक्षा के सारे घेरों को तोड़कर राष्ट्रीय ध्वज लेकर सोनिया सड़क पर उतरी तो वहां मौजूद भीड़ उनकी एक झलक पाने को उमड़ पड़ी। सोनिया खुली गाड़ी पर खड़े होकर लोगों का अभिवादन कर रही थीं। टीम इंडिया से

खुश सोनिया इस कदर रोमांचित थी जिसे बयां कर पाना बेहद मुश्किल है, सोनिया ने अपने ऊपर तिरंगा लपेट रखा था और वह हाथ हिला हिला कर दिल्ली वालों को अपनी खुशी जता रहीं थीं। सोनिया को इससे पहले मोहाली के स्टेडियम में भी अपने बेटे राहुल के साथ देखा गया था। वहां भी जब भारत जीता तो सोनिया खुशी से उछल पड़ी थीं। देश की सबसे ताकतवर महिला ने टीम इंडिया को बधाई भेजी और कहा कि आपकी वजह से देश का सिर गर्व से ऊंचा हो गया। असम में चुनावी रैली के कारण सोनिया गांधी फाइनल मुकाबला देखने के लिए मुम्बई नहीं जा पाई थीं।

मीडिया में टीम इंडिया के तारीफ के पुल बांधे गए। धोनी के नेतृत्व की सराहना हुई। कोई ऐसा अखबार नहीं था जिसने रविवार के अंक में ज्यादा से ज्यादा टीम इंडिया के बारे में न लिखा हो। विश्व कप जीतने के बाद ट्रिब्यून ने अपने संपादकीय में लिखा, इंडियन कैप्टन महेन्द्र सिंह धोनी के नेतृत्व में विश्व कप में मिली विजय से हर कोई हतप्रभ और अचंभित है, क्योंकि यूथ ब्रिगेड ने 1983 की कपिल देव के नेतृत्व में मिली विजय नहीं देखी थी और जिन्होंने देखी, उनके भी यादों के झरोखों में चली गई थी। इस जीत ने वर्षों बाद सबको एक साथ खुश होने का अवसर दिया। वैरागी मन और योद्धा का तन लिए कैप्टन साहब ने फाइनल में आगे बढ़कर मुरली की धार और मलिंगा के प्रहार को जिस प्रकार कुन्द किया। इससे उन्होंने लड़े फौज, नाम सरदार का की उक्ति गलत साबित कर दी। अपने सरदार ने तो अर्जुन की तरह स्वयं आगे बढ़कर बाणों से शत्रु का सीना छलनी किया और अंतिम छक्का जड़कर जिगर के लहू से जीत की इबारत लिख दी, जिसे आने वाले दशकों तक याद रखा जाएगा। क्रिकेट के इन रणबांकुरों का नेतृत्व इस महायोद्धा के हाथों में सुरक्षित है, इसमें किसी को तनिक भी संदेह नहीं। उन्होंने यह भी साबित कर दिया कि शांत और संयत रहने वाले माही को इसी वजह से कैप्टन कूल का खिताब मिला है। विचलित हुए बिना ही तो उन्होंने श्रीलंका पर अंतिम वार किया और संगकारा को संभलने तक का अवसर नहीं दिया। शेर आखिर बड़ा शिकार ही तो करता है। इंग्लैंड, आयरलैंड और पाकिस्तान के खिलाफ उनकी उपयोगी, लेकिन छोटी पारियों की कमी फाइनल की एक महापारी से दूर हो गई, जो पारी अंतत: इतिहास के पन्नों में कैद हो गई। वर्ष 2004 में एकदिवसीय और 2005 में टेस्ट टीम में विकेट कीपर के रूप में स्थान पाने वाले 29 वर्षीय धोनी ने अपनी बल्लेबाजी और नेतृत्व क्षमता से क्रिकेट पंडितों

को इतनी जल्दी प्रभावित किया कि वर्ष 2007 में ही उन्हें टी-20 और एक दिवसीय टीम की बागडोर सौंप दी गई। उनके कप्तान बनते ही मानो भारतीय टीम की दशा और दिशा बदल गई। टीम ने उनकी अगुवाई में प्रथम टी-20 विश्व कप जीत लिया और धोनी हीरो बन गए। अगले ही साल अनिल कुम्बले के संन्यास लेने के बाद टेस्ट टीम की कमान भी माही को सौंप दी गई और टीम का भाग्योदय हो गया। भारत ने इंग्लैंड और आस्ट्रेलिया पर विजय प्राप्त की। वर्ष 2009 में टीम इंडिया ने न्यूजीलैंड को उसी की धारती पर 33 साल बाद हराया तथा एशिया कप भी जीता। झारखंड के इस लाडले, जो स्कूल स्तर पर फुटबाल को तरजीह देता रहा, ने भारतीय टीम को जीत की आदत डाली और वर्ष 2009 में उनके नेतृत्व में भारत पहली बार टेस्ट रैंकिंग में शीर्ष स्तर पर पहुंचा और यह वरीयता आज तक बरकरार है। हालांकि कुछ क्रिकेट पंडितों ने इसे क्षणिक बताया था। अगले साल भारत आई आस्ट्रेलियाई टीम को टेस्ट में 2-0 से तथा एकदिवसीय सीरिज में 3-0 से मात दी गई तो पूरी दुनिया दांतों तले उंगली दबाए बिना न रह सकी। धोनी के नेतृत्व ने टीम को नए मुकाम पर पहुंचा दिया। उनकी गिनती देश के सर्वश्रेष्ठ कप्तानों में होने लगी है। कोच गैरी कर्स्टर्न और सचिन तेंदुलकर ने भी ठंडे दिमाग से की गई उनकी कप्तानी की तहेदिल से तारीफ की। दक्षिण अफीका जाकर टेस्ट श्रृंखला हारे बिना लौट आना भी पहली बार उनके नेतृत्व में ही संभव हुआ है। निरंतर 11 टेस्ट न हारने का अनोखा कीर्तिमान भी धोनी के ही नाम है। उनका कप्तानी का जीत का 62 का औसत भी भारत के हर कप्तान से अधिक है। 102 वनडे में वह 59 जीते हैं और केवल 35 हारे हैं। आस्ट्रेलिया के बल्लेबाज विकेट कीपर एडम गिलक्रिस्ट के बल्लेबाजी अंदाज को अपना आदर्श मानने वाले महेंद्र सिंह ने अपनी कीपिंग के साथ-साथ बल्लेबाजी में भी बहुत सुधार किया है। आक्रामकता एवं रक्षण का सुन्दर मिश्रण उनकी बल्लेबाजी में मिलता है। इसी से वह तीनों प्रारूपों में सफल बल्लेबाज के रूप में खेल सके हैं। वर्ष 2009 में तो दमदार बल्लेबाजी के बल पर वह कई माह तक एकदिवसीय रैंकिंग में शीर्ष बल्लेबाज रह चुके हैं। वर्ष 2006 में भी वह शीर्ष रैंकिंग पर विराजमान रह चुके हैं। शुरुआती वर्षों में कीपिंग तकनीक को लेकर उन्हें दिग्गज सैयद किरमानी की आलोचना सहनी पड़ी थी, लेकिन समय के साथ-साथ उन्होंने बहुत सुधार किया है। धोनी मुख्यत: बैकफुट पर अच्छे स्ट्रोक लगाने में माहिर हैं, लेकिन स्पिनरों के विरुद्ध वह कदमों के इस्तेमाल से भी नहीं चूकते। ऊपरी

क्रम पर आकर खेलते हुए उनकी बल्लेबाजी में और अधिक निखार आ जाता है तथा रन औसत बढ़ जाता है। इसका लाभ अंततः टीम की विजय के रूप में अक्सर सामने आता है। ज्यादातर नम्बर 6 या 7 पर बल्लेबाजी करने वाले धोनी विश्वस्तर के बल्लेबाज की तरह एकदिवसीय में 48 की श्रेष्ठ औसत से 186 मैचों में 7 शतकों और 38 अर्धशतकों की सहायता से 6 हजार से अधिक रन बना चुके हैं। जब वह ऊपरी क्रम में बल्लेबाजी करते हैं तो उनका रन औसत और बढ़ जाता है, जो उनकी बल्लेबाजी की अपार क्षमताओं की कहानी बयां करता है। पिछले वर्ष साक्षी से विवाह कर मीडिया को चौंकाने वाले माही का 40 का टेस्ट औसत किसी भी भारतीय विकेट कीपर से श्रेष्ठ है, लेकिन उन्हें टेस्टों में मैच जिताऊ छवि बनानी शेष है, तभी वह गिलक्रिस्ट की कतार में खड़ा होने का सम्मान प्राप्त कर सकेंगे। असली परीक्षा तो आज भी टेस्ट क्रिकेट में ही पता चलती है। लंका दहन कर 121 करोड़ लोगों के साथ जय हो कहना बड़ी उपलब्धि है, किन्तु आस्ट्रेलिया और दक्षिण अफ्रीका में टेस्ट सीरिज जीतना भारत के लिए आज भी ख्वाब ही बना हुआ है। धोनी के नेतृत्व में बड़ी टीमों की आंखों में आंखें डालकर चुनौती देने का माद्दा है। बेशक वह इस सपने को आने वाले सालों में हकीकत में तब्दील कर सकते हैं। गत वर्ष आईपीएल में चेन्नई को जीत दिलाने वाले महेंद्र सिंह धोनी टीम हित में बोल्ड निर्णय लेने से नहीं हिचकते तो सचिन व सहवाग जैसे सीनियर खिलाड़ियों को भी पूरा सम्मान देते हैं। युवराज जैसे सोने की कद्र और सही उपयोग करना भी वह जानते हैं। उनकी पारखी नजर से सुरेश रैना, विराट कोहली व अश्विन जैसे हीरे छिपे नहीं रह सकते, जिनके बूते उन्होंने देश को जीत की आदत डाली है। विश्व कप जीत के बाद रात को मुंडन इष्टदेव के प्रति उनकी आस्था व श्रद्धा का द्योतक है। आखिर देश की भी तो मन्नत पूरी हुई न। इन्हीं खूबियों के चलते आज धोनी खेल जगत के सर्वाधिक मूल्यवान ब्राांड हैं। यह ब्रांड वैल्यू विश्व विजय के साथ ही बढ़ गयी है। ब्रांड वैल्यू के बढने पर किसी को आश्चर्य भी नहीं करनी चाहिए, क्योंकि बाजार का एक फंडा है कि जो दिखता है वहीं बिकता है, और आज 28 वर्षो बाद इतिहास रचने वाले क्रिकेट टीम के धुरंधर खिलाड़ी और कूल कैप्टन माही का जलवा लोगों के सर चढ़कर बोल रहा है। जिससे भुनाने में कोई भी कंपनी पीछे नहीं रहना चाहती है। कहा भी जाता है कि चढते सूरज की पूजा सभी करते हैं और यह समय तो माही का है।

लेकिन अक्सर देखा गया है कि लोकप्रियता के शिखर पर पहुंचने के बाद लोगों में घमंड आ जाता है और लोकप्रियता के चरम के आगे उन्हें कुछ भी दिखाई नहीं देता। लेकिन भारतीय क्रिकेट टीम के इस कूल कैप्टन के सर पर अभी तक घमंड नहीं चढ़ा है। यह न केवल भारतीय क्रिकेट टीम के लिए सुखद संकेत है बल्कि माही के लिए भी। जनता में अपने प्रिय कैप्टन को लेकर गलतफहमी नहीं है। उन्हें लगता है कि माही सिर्फ अपने लिए ही नहीं बल्कि भारत के 121 करोड़ जनता के लिए खेलते हैं। क्रिकेट का विश्व कप जीतने के बाद कैप्टन कूल माही पर विभिन्न राज्यों ने पुरस्कारों और करोड़ों रुपये देने की घोषणा कर दी। रात में जीते गए मैच के बाद जब सुबह हुई तो हर एक खिलाड़ी करोड़पति हो चुका था। अखबारों की सुर्खियों में 28 वर्षो बाद विश्व विजेता बनने की खबरें थी और देश के सर्वोच्च पद पर आसीन राष्ट्रपति से लेकर प्रधानमंत्री और राज्यमंत्रियों द्वारा टीम की दी गयी बधाईयों की खबरें आम थी। सोशल साइटों पर विभिन्न अभिनेताओं ने भी माही की टीम को जीत की बधाई दी थी। माही की टीम को बधाई संदेश देने वालों में अभिनेता से लेकर आम आदमी तक मौजूद था। माही की टीम की जीत ने विश्व में न केवल भारतीय जनमानस की साख को बढ़ाया है बल्कि तीन दशकों के बाद दुनिया को एक बार फिर बता दिया है कि भारतीय क्रिकेट खिलाड़ी कभी भी कोई बड़ी अनहोनी करने की क्षमता रखंते हैं। माही के नेतृत्व में क्रिकेट का भगवान सचिन का सपना भी साकार हुआ है। इस जीत जैसी खुशी जितनी माही को नहीं हुई है उससे कही ज्यादा खुशी क्रिकेट के भगवान सचिन को हुई है। मैच जीतने के बाद जिस तरह से सभी खिलाड़ियों ने सचिन को अपने कंधे पर उठाकर पूरे मैदान का चक्कर लगाया, वह अद्भुत नजारा था। ऐसे अद्भुत मौके किसी भी खिलाड़ी के जीवन में विरले ही मिलते हैं।

20

दूसरी बार वर्ल्ड चैंपियन बना भारत

महेन्द्र सिंह धोनी ने वह कारनामा कर दिखाया है, जो भारतीय इतिहास में अब तक कपिल देव के नाम ही लिखा हुआ था। यह तय बात है कि भारत का नाम इस बार जीत के प्रबल दावेदारों में से था, पर यह सुनिश्चत नहीं था कि धोनी के नेतृत्व में हम विश्व कप जीत ही जाते। विश्व कप के प्रारंभ होने से पहले भारत के तीन बेहतरीन खिलाड़ी अपनी फार्म से जूझ रहे थे, इनमें से एक यानि युवराज सिंह ने अपने आपको इस कदर रंग में ढाला कि वह मैन आफ द टूर्नामेंट चुने गये। एक अन्य आउट आफ फार्म खिलाड़ी ने क्वार्टर फाइनल तथा सेमीफाइनल में अहम भूमिका निभाई। जी हां, मैं सुरेश रैना की ही बात कर रहा हूं, पर अंत तक फार्म से वंचित कप्तान महेन्द्र सिंह धोनी का फार्म अन्तिम मैच में लौटा, जिसके चलते भारत ने मजबूत श्रीलंका के विश्व कप जीतने के इरादे चकनाचूर कर दिये। 79 गेंदों में नाबाद 91 रन बनाकर धोनी मैन आफ द मैच के खिताब से ही नहीं नवाजे गये, उन्होंने यह दिखा दिया कि अगर दिल में जीतने का जोश हो तो जीतना उतना मुश्किल भी नहीं। जैसा मुझे उस समय लग रहा था जब मलिंगा ने सहवाग को मैच की दूसरी गेंद और जल्दी ही क्रिकेट के भगवान कहे जाने वाले महान बल्लेबाज सचिन को भी पवेलियन का रास्ता दिखा दिया था। गंभीर ने अब तक विश्व कप में कोई गंभीर योगदान नहीं दिया था। दो महत्वपूर्ण विकेट गिरने के बाद जिस तरह उन्होंने विराट कोहली के साथ विकेट पर रहकर भारत का काम आसान कर दिया, वह काबिले तारीफ है। छह विकेट से जब भारत

ने विश्वकप फाइनल मुकाबला जीता, तब यह पहला मौका था जब किसी मेजबान ने विश्वकप जीता हो। महेन्द्र सिंह धोनी ने वह कर दिखाया है, जो हमारे कई बेहतरीन कप्तान अब तक नहीं कर पाये थे। अजहर, गांगुली, द्रविड़ ने विश्वकप में भारत की कप्तानी की, पर कोई भी विश्व कप जीतने में सफल नहीं हो सका। वर्ष 2003 में टीम फाइनल में पहुंची अवश्य, पर आस्ट्रेलिया से मिली करारी मात ही उसके हाथ लगी थी। कुछ मायनों में भारतीय टीम की जीत इसलिए भी अधिक प्रभावशाली हो जाती है कि उनके पास अच्छे गेंदबाजों की कमी थी, उस पर हरभजन की विकेट निकालने में असफलता ने जख्म को और गहरा कर दिया था। वह तो भला हो युवराज सिंह का, जिन्होंने 15 विकेट लेकर दूसरे सबसे सफल गेंदबाज की भूमिका अदा की। इसके अलावा अगर युवराज, रैना और कोहली को छोड़ दें, तो भारत का क्षेत्ररक्षण बेहद साधारण श्रेणी का था। सात बल्लेबाजों के साथ खेलते हुए टीम को उस समय बड़ा झटका लगा था, जब सहवाग व सचिन के आक्रामक खेल के बावजूद भारत दक्षिण अफ्रीका से एक ऐसी स्थिति से हार गया, जहां से कोई अन्य टीम शायद ही हारती। 267 पर एक विकेट के बाद जब पूरी टीम कुल 296 रन पर ढेर हो गई, तब विशेषज्ञों ने अवश्य ही सात बल्लेबाजों को खिलाने की रणनीति का पुरजोर विरोध किया, पर हमारे कूल धोनी ने अपना संयम नहीं खोया और अंत तक सात बल्लेबाजों को लेकर खेलते रहने का परिणाम यह हुआ कि श्रीलंका के 274 रनों का पीछा करते हुए हमने छह विकेट से विश्व कप अपने नाम कर लिया। गौतम गंभीर और महेन्द्र सिंह धोनी के बेहतरीन पारियों की बदौलत भारत उस मुकाम पर पहुंच गया, जिसका हर भारतवासी बड़ी बेसब्री और बेताबी से इंतजार कर रहा था। 10 बजकर 49 मिनट पर धोनी ने छक्का जड़कर विश्व कप भारत की झोली में डाल दिया था। बहुत देर तक यह विश्वास ही नहीं हो पा रहा था कि भारत 28 साल बाद फिर विश्व चैंम्पियन बन गया है। सचिन तेंदुलकर के अपने छठे विश्व कप के 45वें मैच में भारत को विश्व कप ट्राफी दिलाने का सपना भी इसके साथ ही पूरा हुआ। इस शानदार प्रदर्शन में भारतीय टीम एकजुट होकर खेली और इतिहास में पहली बार किसी मेजबान टीम ने विश्व कप जीतने का रिकार्ड अपने नाम करवा लिया। महेन्द्र सिंह धोनी मैन आफ द मैच बने, वहीं चार बार मैन आफ द मैच चुने गये युवराज सिंह को मैन आफ द टूर्नामेंट के खिताब से नवाजा गया। आकड़ों के आइने से विश्व कप 2011 के सर्वश्रेष्ठ

10 बल्लेबाज की सूची में चार भारतीय खिलड़ियों में सचिन तेंदुलकर (482) दूसरे तथा गौतम गंभीर (393), वीरेन्द्र सहवाग (380) और युवराज सिंह (362) क्रमश: छठे, सातवें व आठवें स्थान के नाम यही दर्शाते हैं कि आज एकदिवसीय मैच अच्छी बल्लेबाजी पर कितने अधिक निर्भर हो गए हैं। गेंदबाजी में भारत की तरफ से जहीर खान (21 विकेट) तथा युवराज सिंह (15 विकेट) लेकर क्रमश: दूसरे तथा छठे स्थान पर रहे। एक पारी में सर्वाधिक व्यक्तिगत स्कोर के मामले में भी सहवाग (175), सचिन (120) तथा युवराज सिंह (113) ने क्रमश: पहले, सातवें तथा दसवें स्थान पर रहकर दुनिया को अपना लोहा मनवाया। सचिन तेंदुलकर दो शतक बनाने वाले अकेले भारतीय खिलाड़ी रहे (उनके अतिरिक्त 5 अन्य बल्लेबाजों ने भी टूर्नामेंट में दो-दो शतक लगाये) किसी भी टीम द्वारा सर्वाधिक स्कोर के मामले में भी भारत 5 विकेट पर 370 रन बनाकर सबसे अव्वल रहा। इसके अतिरिक्त भारत का 338 रन का स्कोर भी पांचवें स्थान पर रहा। सहवाग तथा कोहली की तीसरे विकेट के लिये 203 रनों की साझेदारी टूर्नामेंट की चौथी बेहतरीन साझेदारी रही। सहवाग का नाम 200 से अधिक रन बनाने वाले बल्लेबाज में था। उन्होंने 122.58 की गति से सबसे तेज रन बनाये। युवराज सिंह के 31 रन देकर 5 विकेट सर्वश्रेष्ठ गेंदबाजी में पांचवें नंबर पर रही। युवराज सिंह सर्वश्रेष्ठ गेंदबाज आलराउंडर में अव्वल तथा बल्लेबाज आल राउंडर में दूसरे स्थान पर रहे। युवराज ने 90.50 की औसत से 362 रन बनाकर दूसरा स्थान हासिल किया। युवराज ने पांच बार 50 से अधिक की पारियां भी खेली, उनके अतिरिक्त जोनाथन ट्राट ही यह करिश्मा कर पाये। युवराज सिंह ने टूर्नामेंट में सर्वाधिक चार बार मैन आफ द मैच खिताब जीता। इसके साथ मैन आफ द टूर्नामेंट पर भी अपना हक जमाया।

विश्व कप जीतने की बात इसलिए जरूरी है कि यही वह जीत है जिसने धोनी को न केवल एक विशिष्ट पहचान दिलायी है, बल्कि उन्हें सभी का प्यारा भी बनाया है। अगर उनके नेतृत्व में खेला गया यह मैच उनकी सेना (टीम) नहीं जीतती, तो आज उनका नाम भी लेने वाला कोई नहीं होता। इसके साथ ही उनसे इतने सवाल पूछे जाते की उन सवालों के जबाव माही भी नहीं दे पाते। बेशक, सचिन तेंदुलकर कप्तान महेन्द्र सिंह धोनी के बल्ले से निकला विजयी छक्का नहीं देख पाए थे। लेकिन दर्शकों के शोर ने उन्हें एहसास करा दिया था कि भारत मैच जीत गया है। सचिन दरअसल मैच के अंतिम क्षणों

में ड्रेसिंग रूम के अंदर चले गए थे और आंखें मूंदकर भारत की जीत के लिए दुआ कर रहे थे। स्टेडियम में दर्शकों के शोर से उन्हें इस बात का अहसास हुआ कि उनका विश्व कप जीतने का सपना पूरा हो चुका है। यही वजह है कि सचिन धोनी के बल्ले से श्रीलंका के तेज गेंदबाज नुवान कुलशेखरा की गेंद पर निकला विजयी छक्का नहीं देख पाए थे। अनुभवी बल्लेबाज ने मैच के बाद एक अखबार से कहा, मैं उस समय कुछ नहीं सुन रहा था और न ही मैच देख रहा था। मैं बस भगवान से भारत की जीत के लिए प्रार्थना कर रहा था। जब पूरा स्टेडियम शोर से गूंज उठा, तब मुझे इस बात का अहसास हुआ कि हम जीत चुके हैं। सचिन ने इससे पहले पांच बार विश्व कप में खेला था, लेकिन भारतीय टीम को हर बार नाकामी मिली थी, लेकिन इस बार भारत ने श्रीलंका को छह विकेट से हराकर विश्व कप जीता और आखिर सचिन का सपना गृहनगर मुंबई में उनके घरेलू स्टेडियम वानखेड़े में साकार हो गया। सचिन ने कहा कि अपनी खुशी को व्यक्त करने के लिए मेरे पास शब्द नहीं हैं। मुझे लग रहा है कि मैं किसी और दुनिया में पहुंच गया हूं। ऐसा लग रहा है कि मैं उड़ रहा हूं। जीत के बाद सचिन ने जब टीम के बाकी खिलड़ियों को गले लगाया तो वह अपने आंसू नहीं रोक पाए। सचिन कहते हैं कि वह अभी संन्यास नहीं लेंगे। मैं अभी क्रिकेट खेलूंगा, हर बड़ी उपलब्धि के बाद हमेशा की तरह अपने पिता को याद करते हुए सचिन ने कहा कि खुशी के आंसू भी होते हैं और अगर आज मेरे पिता जीवित होते तो वह बहुत खुश होते। वह हमेशा मेरी यादों में रहते हैं।

विश्व कप विजेता बनने के लिए उस गुरु को भी नहीं भुलाया जा सकता जिसकी रणनीतियों ने भारत को विश्व विजयी बनाया है। जी हां हम बात कर रहे हैं, भारत के कोच गैरी कर्स्टन की। जिनका कार्यकाल विश्व कप के बाद पूरा हो रहा था। साल 2007 में जब गैरी को भारत के कोच की कमान मिली थी, तो उनके कंधों पर ये जिम्मेदारी दी गई थी कि भारत विश्व कप जीते, जिसे गैरी ने पूरा कर दिया। आज भारत संतुलित टीम है, विश्व विजेता है, तो उसके पीछे जितना खिलाड़ियों की मेहनत है, उतनी ही गुरु गैरी की मेहनत और वो टिप्स है जिनकी बदौलत भारत ने मुंबई जीत लिया। टीम इंडिया ने यह विश्व कप जीतकर न सिर्फ देश को बल्कि अपने कोच को भी शानदार तोहफा दिया है। गौरतलब है कि विश्व कप के बाद कर्स्टन का बीसीसीआई से करार खत्म हो गया जिससे यह टीम इंडिया के साथ उनका आखिरी

अभियान था, जिसे उन्होंने सफलतापूर्वक समाप्त किया। इसके साथ ही कर्स्टन भारतीय टीम के सबसे सफल विदेशी कोच रहे। पूर्व दक्षिण अफ्रीकी बल्लेबाज कर्स्टन ने 11 टेस्ट और 18 वनडे मैच खेले, जिनमें उनका प्रदर्शन सराहनीय रहा है। कर्स्टन के मार्गदर्शन में भारत ने 91 वनडे मैच खेलें, जिनमें से टीम को 57 में जीत हासिल हुई है। उनके रहते टीम की जीत का प्रतिशत 62.22 का रहा है। कहना गलत ना होगा कि किसी भी कोच के लिए इससे खूबसूरत विदाई नहीं हो सकती है।

टीम इंडिया की जीत का जितना जश्न मनना था वह तो मना ही लेकिन इसको लेकर एक तरह से कुछ विवाद भी रहे जैसे कि अक्सर हमने कहानियों में सुना है कि दो राज्य किसी राजकुमारी को लेकर युद्ध करते थे। वो दोनों ही किसी राज्य की राजकुमारी को पाना चाहते हैं, लेकिन वो सब एक कहानी का हिस्सा होता था। एक राजा जीत जाता था और राजकुमारी उसकी हो जाती थी। लेकिन मौजूदा समय में दो राज्य अपना-अपना पक्ष रखते और हक जमाते आपस में भिड़ गये हैं। जिसके लिए वो लड़ाई कर रहे हैं वो कोई राजकुमारी नहीं बल्कि टीम इंडिया के महाराज महेन्द्र सिंह धोनी है. जिसके लिए लड़ाई कर रहे हैं झारखंड और उत्तराखंड के सीएम यानी की अर्जुन मुंडा और रमेश पोखरियाल निशंक। दरअसल मामला ये है कि झारखंड और उत्तराखंड दोनों ही बाघों के संरक्षण के लिए टीम इंडिया के कप्तान महेन्द्र सिंह धोनी को अपना ब्रांड एम्बेसडर बनाना चाहते हैं, निशंक ने कहा कि धोनी अल्मोड़ा यानी उत्तराखंड के हैं और हम चाहते है कि जिम कार्बेट पार्क में आकर वो बाघों के संरक्षण के लिए काम करें और उत्तराखंड के ब्रांड एम्बेसडर बनें । दूसरी ओर झारखंड के सीएम अर्जुन मुंडा का कहना है कि धोनी रांची के हैं, इसलिए हमारे राज्य के हैं। हमारे यहां भी पलामू रिजर्व पार्क हैं, इसलिए उन्हें बाघों के संरक्षण के लिए झारखंड से आवाज उठानी चाहिए। हमने उन्हें पांच एकड़ जमीन दी है। खैर, दोनों सीएम अपनी-अपनी बात लेकर पर्यावरण मंत्री जयराम रमेश के पास पहुंच गये हैं। इससे जयराम रमेश की परेशानी बढ़ गई है। अब ऐसे में देखना दिलचस्प होगा कि धोनी किस राज्य के ब्रांड एम्बेस्डर बनते हैं। वैसे धोनी मूल रूप से उत्तराखंड के रहने वाले हैं, लेकिन बचपन से ही वे झारखंड में रहे और वहीं से पहला रणजी मैच खेला फिर भारतीय टीम में आए और अब विश्व कप जीतने वाली टीम के कप्तान हैं। दो राज्य सरकारों का इस तरह भिड़ना यह दर्शाता है कि धोनी का महत्त्व आखिर उनके

राज्य के लिए कितना है। धोनी का जन्म उत्तराखंड में हुआ लेकिन उनकी कर्मभूमि झारखंड रही है। ऐसे में दोनों राज्य सरकार उन्हें अपने राज्य का बताकर वाहवाही लूटना चाहती हैं।

टीम इंडिया की जीत में एक टोटका भी खूब चला। 2 अप्रैल देश को बस 2.30 बजने का इंतजार था और जैसे ही 2.30 बजा, लोगों की सांसे थम गयीं, वक्त रूक गया, क्योंकि उस दिन दुनिया का युद्ध होने जा रहा था, देश का फाइनल तो धोनी के रण बांकुरों ने जीत लिया था। इस बार मुकाबला 50-50 का था, हर चीज की बराबरी थी दोनों टीमों में। बैटिंग, बालिंग और फील्डिंग में दोनों ही टीमें बराबर, ना कोई कम और ना ही कोई ज्यादा, दोनों ही टीमें तीसरी बार फाइनल में पहुंची थीं और एक-एक बार विश्व विजेता बनीं थीं। इसलिए दोनों की चाहत थी कि इतिहास दोहराया जाये। भले ही कागज पर संगकारा की सेना, धोनी से बेहतर हो लेकिन एक मामले में 2 अप्रैल को भारत के सितारे श्रीलंका से आगे थे। आपको जानकर हैरत होगी कि सन 1983 में जब भारत, कपिल देव की अगुवाई में विश्व विजेता बना था, तो उस दिन भी शनिवार था और 2 अप्रैल को भी शनिवार था। देश के 121 करोड़ लोगों की उम्मीदों के बीच भारतीय टीम शनिवार को वानखेड़े स्टेडियम पर श्रीलंका से विश्व कप का फाइनल मैच खेली। 1983 में भारत ने कपिल देव के नेतृव में शनिवार को खिताब जीता था, अब भी शनिवार को ही फाइनल हुआ। 1983 और 2011 में साल की शुरूआत भी शनिवार से ही हुई थी। जिस तरह से 28 वर्ष पहले कपिल की सेना ने भारत की जनता का सिर दुनियां में ऊंचा किया था, ठीक उसी तरह से माही की सेना ने भी शनिवार को भारतीयों का सिर ही ऊंचा नहीं किया बल्कि अपने खेल से उनके दिलों पर भी राज कर लिया।

भारत की विश्व कप क्रिकेट में कामयाबी के लिए हर तरफ पूजा-अर्चना का दौर चल रहा था। मध्य प्रदेश के दमोह जिले में क्रिकेट प्रेमी दिनेश श्रीवास्तव ने तो धोनी चालीसा ही लिख डाला और वह इसका निरंतर पाठ भी कर रहे थे । विश्व कप के पहले दिन से ही दिनेश ने नियमित रूप से धोनी चालीसा का पाठ शुरु कर दिया था। भारत के फाइनल में पहुंचने के बाद वह अपने परिवार व साथियों के साथ निरंतर धोनी चालीसा का पाठ कर रहे थे। दिनेश का कहना था कि उन्होंने इस चालीसा के जरिए ईश्वर से धोनी को वह ताकत प्रदान करने की कामना की, जिससे वह श्रीलंका को मात देकर भारत को विश्व विजेता बना सके। वहीं भरत पंडित का कहना है कि दिनेश

ने धोनी चालीसा को हनुमान चालीसा की तर्ज पर लिखा है। इसमें धोनी व पूरी टीम को हनुमान जैसी ताकत देने की कामना की गई। दिनेश के घर पर अखंड धोनी चालीसा चल रहा था और अखंड ज्योति भी जलाई गयी थी। इस ज्योति को मैच खत्म होने पर ही बुझाया गया। इसी तरह एक अन्य क्रिकेट प्रेमी ने भोपाल के इकबाल मैदान में एक आकर्षक पेंटिंग बनाई। यह पेंटिंग वह भारतीय क्रिकेट टीम को देना चाहते हैं।

बालीवुड ने कहा– वाह टीम इंडिया, वाह ...!

आमिर खान ने अपनी पत्नी किरण राव के साथ स्टेडियम में मौजूद रहकर मैच का लुत्फ उठाया। भारतीय क्रिकेट टीम की सेमीफाइनल में पाकिस्तान के खिलाफ जीत को लेकर पूरे देश में दीवानगी का आलम है और बालीवुड भी इससे अछूता नहीं है। आमिर खान, प्रीति जिंटा और सुनील शेट्टी समेत कई कलाकारों ने स्टेडियम में मौजूद रहकर भारतीय टीम की हौसला आफजाई की। वहीं शाहरुख खान, सलमान खान और अभिषेक बच्चन जैसे सितारों ने अपने घर में दोस्तों के साथ बैठकर भारतीय जीत का लुत्फ उठाया। शाहरुख खान ने ऋतिक रोशन, करण जौहर और फरहान अख्तर के साथ मुंबई के बांद्रा स्थित अपने घर मन्नत में बैठकर पूरा मैच देखा। उन्होंने कहा कि भारतीय टीम ने जानदार प्रदर्शन करके सबका दिल जीत लिया। मुझे इस बात का मलाल है कि शोएब अख्तर इस मैच में नहीं खेले। वो अगर खेलते तो उनके और सचिन के बीच का मुकाबला देखने में बहुत मजा आता। अभिनेता अभिषेक बच्चन ने भी घर पर अपने दोस्तों के साथ मैच का मजा लिया। लेकिन साथ ही उन्होंने बताया कि उनके पिता सुपरस्टार अमिताभ बच्चन ने ये मैच नहीं देखा और पूरे समय अपने कमरे में बैठे रहे। पापा जब भी टीवी देखते हैं तो भारत का कोई ना कोई विकेट गिर जाता। तो ऐसे में उन्होंने फैसला किया कि वो मैच नहीं देखेंगे।

बस धोनी के एक फैसले ने बदल दिया इतिहास

कहते हैं सिर्फ एक सही फैसला जिंदगी बदल सकता है। टीम इंडिया के कप्तान महेंद्र सिंह धोनी ने सिर्फ एक सही फैसला लेकर इतिहास ही बदल डाला। धोनी ने लगातार दो विकेट गिरने के बाद खुद को बल्लेबाजी क्रम में ऊपर किया। धोनी की इस चाल का फायदा पूरी टीम ही नहीं बल्कि पूरे देश

को मिला है। धोनी की कप्तानी पारी के दम पर भारत ने श्रीलंका को 6 विकेट से हराकर विश्व कप खिताब हासिल किया। भारत की सलामी जोड़ी सस्ते में आउट हो गई थी। वीरेंद्र सहवाग बिना खाता खोले बगैर मैच की दूसरी गेंद पर निपट गए थे तो मास्टर ब्लास्टर महज एक रन बनाकर मलिंगा का शिकार बन गए थे। इसके बाद बल्लेबाजी क्रीज पर आए विराट कोहली भी 3 रन का योगदान कर वापस लौट गए। अब सभी क्रिकेट प्रेमियों को ये चिंता सता रही थी कि यदि पाकिस्तान के खिलाफ सेमीफाइनल की तरह इन-फार्म बल्लेबाज युवराज सिंह भी सस्ते में आउट हो गए तो भारत की राह मुश्किल हो जाएगी। ऐसे में खराब फार्म से जूझ रहे कप्तान धोनी ने खुद को क्रम में आगे बढ़ाया ताकि यदि वो आउट भी हो जाएं तो टीम के पास पीछे युवराज का भरोसा रहे। धोनी की ये तरकीब काम कर गई। पहले गौतम गंभीर के साथ 19 रन और बाद में युवराज के साथ अविजित चार रन की पार्टनरशिप कर भारत को ऐतिहासिक जीत दिला दी।

विश्व विजेता बनने पर गिलानी ने दी बधाई

भारत लंकादहन करने के बाद विश्व विजेता बन गया। जहां चारों ओर से लोग अपनी टीम और टीम के धुरंधरों को बधाई दे रहे हैं वहीं पाकिस्तान के प्रधानमंत्री यूसुफ रजा गिलानी ने भी टीम इंडिया को बधाई दी। प्रधानमंत्री मनमोहन सिंह को भेजे अपने संदेश में गिलानी टीम इंडिया को इस जीत पर बधाई दी। साथ ही उम्मीद जताई कि इस खेल से भारत और पाकिस्तान के बीच रिश्तों में मजबूती आएगी। गिलानी ने मनमोहन सिंह को जो संदेश भेजा है उसमें ये लिखा है कि भारत ने बहुत बढ़िया प्रदर्शन किया जिसके चलते वो सरताज बन बैठा है। भारत इसका सही हकदार था। गौरतलब है कि भारत और पाकिस्तान के बीच मोहाली में खेले गए मैच में प्रधानमंत्री मनमोहन सिंह के बुलावे पर गिलानी भारत आए थे। गिलानी की मुंबई हमले के बाद ये पहली यात्रा थी। भारत ने मोहाली स्टेडियम में पाकिस्तान को हरा कर खुद को फाइनल में और पाकिस्तान को खिताबी मुकाबले से बाहर कर दिया था।

विजडन में धोनी, सचिन समेत पांच भारतीय शामिल

दौलत, शोहरत और कामयाबी ये तीनों अगर किसी खिलाड़ी के कदम चूमती है तो वह कोई और नहीं देश का लाल और भारतीय क्रिकेट का भगवान

सचिन तेंदुलकर ही है, जिनकी कामयाबी की किताब में हर रोज एक नया अध्याय जुड़ जाता है। पिछले 21 साल से क्रिकेट के प्रति समर्पण का ही नतीजा है कि आज इस लिटिल मास्टर के आगे पूरी दुनिया सिर झुकाती है। आपको जानकर खुशी होगी कि क्रिकेट की बाइबल मानी जाने वाली विजडन ने उन्हें 2010 में उनकी अद्‌भुत उपलब्धियों के लिए शीर्ष क्रिकेटर घोषित कर दिया था। विजडन ने ही कप्तान महेंद्र सिंह धोनी की नेतृत्व क्षमता का पूरा सम्मान करते हुए उन्हें वर्ष की टेस्ट टीम का कप्तान चुना है। इस अवार्ड की शुरुआत साल 2004 में हुई थी। सचिन ने पहली बार यह पुरस्कार हासिल किया है। आपको बता दें कि सचिन से पहले आस्ट्रेलिया के रिकी पोंटिंग और शेन वार्न, इंग्लैंड के एंड्रयू फ्लिंटाफ, श्रीलंका के मुथैया मुरलीधरन, दक्षिण अफ्रीका के जैक कैलिस और भारत के वीरेंद्र सहवाग यह प्रतिष्ठित पुरस्कार पा चुके हैं। विजडन ने इस वर्ष चार क्रिकेटरों को ही क्रिकेटर आफ द ईयर चुना, जिनमें क्रिस रीड, इयोन मोर्गन, जोनाथन ट्राट और तमीम इकबाल शामिल हैं। सचिन ने गत वर्ष क्रिकेट की नई उंचाइयों को छू लिया था। उन्होंने 78 के औसत से 1562 टेस्ट रन बनाने के अलावा सात टेस्ट शतक बनाए थे, जिनमें 50वां टेस्ट शतक भी शामिल था। इसके साथ ही उन्होंने एकदिवसीय इतिहास का पहला दोहरा शतक बनाया। विजडन ने सचिन की महानता को सलाम करते हुए उन्हें इस पुरस्कार के लिए चुना। सचिन के अलावा विस्फोटक सलामी बल्लेबाज वीरेंद्र सहवाग, तेज गेंदबाज जहीर खान और संकटमोचक वीवीएस लक्ष्मण को भी विजडन की टीम में जगह मिली है। इस टीम का चयन वेस्ट इंडीज के पूर्व तेज गेंदबाज इयान बिशप, पाकिस्तान के पूर्व कप्तान रमीज राजा, आस्ट्रेलिया के पूर्व कप्तान इयान चैपल और विजडन के संपादक स्कील्ड बैरी के पैनल ने किया है। आपको जानकर हैरत होगी कि ये पहला ऐसा अवसर है जब इसमें कोई भी आस्ट्रेलियाई खिलाड़ी शामिल नहीं है। भारत के पांच खिलाडियों के अलावा इस टीम में साउथ अफ्रीका और इंग्लैंड के दो-दो, श्रीलंका और बांग्लादेश के एक-एक खिलाड़ी शामिल हैं।

21

क्रिकेट विश्व कप 2011 की सामान्य जानकारी

एक बार फिर क्रिकेट प्रेमियों की उम्मींद भारतीय खिलाडियों पर आकर टिक गई है। विश्व कप की बादशाहत के लिए तैयार भारतीय टीम 1983 के इतिहास को दोहराने की उम्मींद लिए करोड़ों क्रिकेट प्रेमी कप्तान महेन्द्र सिंह धोनी की अगुवाई वाली टीम के लिए दुआ कर रहे थे कि इस बार भारत के पास ताज आ जाए। 19 फरवरी से 2 अप्रैल तक चलने वाले इस विश्व कप में कुल 49 मैच खेले गए। भारत, श्रीलंका और बांग्लादेश संयुक्त रूप से इसके मेजबान रहे। भारत 1987 और 1996 के बाद तीसरी बार विश्व कप की मेजबानी कर रहा है। श्रीलंका 1996 के बाद दूसरी बार और बांग्लादेश पहली बार। आंतरिक सुरक्षा के चलते पाकिस्तान इस बार की संयुक्त मेजबानी खो चुका था। विश्व कप का उद्‌घाटन समारोह 17 फरवरी को ढाका के बंगबंधु स्टेडियम में हुआ। संगीतकार तिकड़ी शंकर-एहसान-लाय ने इसके लिए हिंदी, बांग्ला और सिंहली में गीत तैयार किया। अंतरराष्ट्रीय क्रिकेट परिषद ने सचिन तेंदुलकर को इस विश्व कप का एम्बेसडर बनाया है। इस बार भारतीय टीम से उम्मींदे इसलिए बढ़ गई थी कि वर्ष 2010 और 2011 के शुरुआती दिनों में टीम ने बेहतर प्रदर्शन किया है। 1983 के विश्व कप के सदस्य रहे मोहिंदर अमरनाथ का कहना था कि इस बार हम इतिहास दुहराने की कगार पर हैं क्योंकि भारतीय टीम इस समय बेहतर प्रदर्शन कर रही है। चयनकर्ताओं ने जो टीम चुनी है, उससे बेहतर टीम नहीं हो सकती थी। इस टीम में अनुभवी और युवा खिलाडियों को बढिया मिश्रण है। टीम में आठ बल्लेबाजों और सात

गेंदबाजों को शामिल किया गया है। सचिन तेंदुलकर, वीरेन्द्र सहवाग, युवराज सिंह, गौतम गंभीर जैसे अनुभवी बल्लेबाजों के साथ-साथ टीम में सुरेश रैना, विराट कोहली और यूसुफ पठान जैसे जोरदार बल्लेबाज हैं।

विश्व कप में भारत की ओर से सचिन तेंदुलकर और वीरेन्द्र सहवाग पारी की शुरुआत करने के लिए चुना गया था। सचिन तेंदुलकर पिछले 21 वर्षों से अंतरराष्ट्रीय क्रिकेट खेल रहे है। वे 1992, 1996, 1999, 2003 और 2007 के विश्व कप में भारत का प्रतिनिधित्व कर चुके हैं। इस तरह से 2011 का विश्व कप उनका छठा विश्व कप रहा। सचिन ने अपने पहले ही रणजी ट्राफी मैच में शतक बनाया और तब वे पूरे 17 साल के भी नहीं हुए थे। यह गौरव प्राप्त करने वाले वह अभी तक एकमात्र भारतीय खिलाड़ी हैं। तेंदुलकर ने भारत में अपना पहला टेस्ट शतक 1993 में लगाया था इससे पहले विदेश में वह 4 टेस्ट शतक लगा चुके थे। सचिन अपने कॅरियर के पड़ाव में कई बार असफल भी हुए। आलोचकों का सामना भी करना पड़ा लेकिन कभी वह विचलित नहीं हुए। लगातार वह अपने बेहतरीन प्रदर्शन को दोहराने के लिए आतुर रहे और बेहतर प्रदर्शन करते रहे। 2010 में भी उनका बल्ला जमकर बोला और उन्होंने बेहतरीन प्रदर्शन जारी रखा। इस बार भी सचिन पर सबकी निगाहें टिकी हुई थी क्योंकि शायद यह उनका आखिरी विश्व कप होगा और वह बेहतर प्रदर्शन करना चाहेंगे। टीम के बाकी खिलाड़ी भी सचिन के साथ खड़े नजर आ रहे थे। सब एक स्वर में कहते हैं कि हमें देश के लिए और सचिन के लिए विश्व कप जीतना है। कप्तान महेन्द्र सिंह धोनी भी अपनी टीम को लेकर खासा उत्साहित थे। भले ही धोनी अपना सर्वश्रेष्ठ प्रदर्शन न कर पाए हों लेकिन उनके साथी खिलाड़ी ने उनका पूरा साथ दिया और पिछले रिकार्ड के आधार पर अब तक के वे सर्वश्रेष्ठ कप्तान साबित हुए। सचिन के अलावा जिन खिलाडियों पर लोगों की नजर थी उनमें वीरेन्द्र सहवाग, गौतम गंभीर, मुनफ पटेल, पीयूष चावला, सुरेश रैना, विराट कोहली, युसफ पठान, आर अश्विन, युवराज सिंह, श्रीसंत जैसे खिलाड़ी शामिल हैं। विश्व कप क्रिकेट के लिए चुनी गई भारतीय टीम के बारे में टीम के मुख्य चयनकर्ता कृष्णामचारी श्रीकांत के अनुसार इस बार काफी संतुलित और काफी सोच विचार कर टीम का चयन किया गया। श्रीकांत के मुताबिक यह टीम 1983 के इतिहास को दोहराने का दम रखती है। वहीं पूर्व कप्तान कपिल देव ने भी भारतीय टीम को इस बार का विश्व कप विजेता बताया। उनका कहना था कि

धोनी मुझसे बेहतर कप्तान साबित होंगे। बस उन्हें ज़रुरत है तो खिलाडियों में उत्साह भरने की और उम्मींद है कि इस बार का विश्व कप भारत की झोली में होगा।

विश्व कप की टीमें

ग्रुप ए- आस्ट्रेलिया, पाकिस्तान, न्यूजीलैंड, श्रीलंका, जिम्बाब्वे, कनाडा, केन्या।

ग्रुप बी- भारत, दक्षिण अफ्रीका, इंग्लैंड, बांग्लादेश, वेस्टइंडीज, नीदरलैंड, आयरलैंड।

क्रिकेट विश्व कप का सफर

साल	स्थान	फाइनल मैच	विजेता
1975	इंग्लैंड	वेस्टइंडीज बनाम आस्ट्रेलिया	वेस्टइंडीज
1979	इंग्लैंड	इंग्लैंड बनाम वेस्टइंडीज	वेस्टइंडीज
1983	इंग्लैंड	भारत बनाम वेस्टइंडीज	भारत
1987	भारत, पाकिस्तान	आस्टेलिया बनाम इंग्लैंड	आस्ट्रेलिया
1992	आस्ट्रेलिया, न्यूजीलैंड	पाकिस्तान बनाम इंग्लैंड	पाकिस्तान
1996	भारत, पाकिस्तान, श्रीलंका	आस्ट्रेलिया बनाम श्रीलंका	श्रीलंका
1999	इंग्लैंड, आयरलैंड	आस्ट्रेलिया बनाम पाकिस्तान	आस्ट्रेलिया
2003	केन्या, दक्षिण अफ्रीका, जिम्बाब्वे	आस्ट्रेलिया बनाम भारत	आस्ट्रेलिया
2007	वेस्टइंडीज	श्रीलंका बनाम आस्ट्रेलिया	आस्ट्रेलिया

सचिन के नाम विश्व कप में सर्वाधिक रन

मास्टर ब्लास्टर सचिन तेंदुलकर जहां एक ओर विश्व कप टूर्नामेंट के ब्रांड एंबेसडर हैं वहीं दूसरी ओर उनके नाम विश्व कप में सर्वाधिक रन बनाने का श्रेय भी है। विश्व कप में सर्वाधिक रन बनाने के मामले में सचिन अपने समकालीन खिलाडियों से काफी आगे हैं। सचिन ने जहां विश्व कप में अब तक 1796 रन बटोरे हैं वहीं उनके सबसे करीब आस्ट्रेलिया टीम के कप्तान रिकी पोटिंग के नाम पर 1537 रन है। इस सूची में वेस्टइंडीज के ब्रायन लारा 1225 रनों के साथ तीसरे नंबर पर है। वर्ष 2003 के विश्व कप में सर्वाधिक रन बटोरने वाले सचिन ने विश्व कप में सर्वाधिक 13 अर्धशतक भी लगाए हैं। इस लिहाज से इस बार भी सचिन से प्रशंसकों की उम्मींदे थी कि वह कुछ बेहतर प्रदर्शन करें। वैसे तो उनके पास रिकार्डों का अंबार है जिसे तोड़ पाना दुनिया के किसी बल्लेबाज के वश की बात नहीं। इस विश्व कप में सचिन और पोटिंग के बीच सर्वाधिक शतकों की दौड़ में एक दूसरे से आगे निकलने की होड़ भी रही । सचिन और पोटिंग ने अब तक चार-चार शतक लगाए थे। किसी के भी बल्ले से निकलने वाला पांचवां शतक यह साबित करेगा कि विश्व कप में शतकों का बादशाह कौन है। सचिन और पोटिंग के बाद भारत के पूर्व कप्तान सौरभ गांगुली और आस्ट्रेलिया के पूर्व सलामी बल्लेबाज मार्क वॉ ने भी विश्व कप में चार-चार शतक लगाए हैं। इन दो दिग्गजों के बल्ले अब खामोश हैं क्योंकि दोनों क्रिकेट से संन्यास ले चुके हैं। इसलिए अब नए नामों में देखना है कि कौन सर्वाधिक शतकों का बादशाह बनता है।

दो बल्लेबाजों पर थी विशेष नज़र

क्रिकेट के बारे में यह कहा जाता है कि पहले से भविष्यवाणी करना व्यर्थ है। इस लिहाज से देखा जाए तो कई उलटफेर वाले परिणाम देखने को मिल सकते हैं। लेकिन जिन दो भारतीय बल्लेबाजों पर नजर विश्व कप के पहले थी उनमें एक नाम वीरेन्द्र सहवाग का था तो दूसरा यूसुफ पठान का। सहवाग जहां ओपनर बैट्समैन के रूप में अपनी सर्वश्रेष्ठ प्रदर्शन के लिए बेताब थे वहीं उनकी आक्रामक शैली दुनिया के गेंदबाजों को भी परेशान करने वाली थी। सहवाग का बल्ला जब बोलता है तो गेंदबाज भी मायूस हो उठते हैं। वहीं

यूसुफ पठान ने अपनी आक्रामक शैली से यह बता दिया था कि वह किसी से कम नहीं है। उनका बल्ला जब बोलता है तो गेंदबाज खामोश हो जाते हैं और वह जैसा चाहते हैं मैदान पर वैसा ही राज करते है। आलराउंडर की भूमिका निभा रहे पठान के सामने विश्व कप में शानदार प्रदर्शन करने का करने का लक्ष्य था। इसके अलावा गौतम गंभीर और युवराज सिंह भी क्रिकेट प्रेमियों की नजर थी।

विश्व कप में पहले खेल चुके भारतीय खिलाड़ी

क्रिकेट विश्व कप 2011 के लिए 15 सदस्यीय भारतीय टीम के सचिन तेंदुलकर, वीरेन्द्र सहवाग, युवराज सिंह, महेन्द्र सिंह धोनी, जहीर खान, आशीष नेहरा, मुनफ पटेल और हरभजन सिंह पहले भी क्रिकेट विश्व कप खेल चुके हैं। सचिन तेंदुलकर ने 1991, 1996, 1999, 2003, 2007 का विश्व कप खेला। वहीं 2011 में छठा विश्व कप खेल कर उन्होंने पाकिस्तान के बल्लेबाज जावेद मियांदाद के रिकार्ड की बराबरी की।

पहली बार विश्व कप खेलने वाले खिलाड़ी

भारत की ओर से पहली बार विश्व कप खेलने वाले खिलाडियों में गौतम गंभीर, सुरेश रैना, विराट कोहली, यूसुफ पठान, प्रवीण कुमार, पीयूष चावला, आर अश्विन और श्रीसंत रहे।

2011 का आईसीसी क्रिकेट विश्व कप दसवां संस्करण था जो भारतीय उपमहाद्वीप के दो भारत, श्रीलंका और बांग्लादेश द्वारा आयोजित किया गया। यह पहली बार है कि बांग्लादेश क्रिकेट विश्व कप की सह मेजबानी का हिस्स्ेदार बना। इससे पूर्व भारतीय उपमहाद्वीप में 1987 और 1996 में भी विश्व कप आयोजित हुए थे, लेकिन उस बार बांग्लादेश ने विश्व कप की मेजबानी नहीं की थी। 2011 क्रिकेट विश्व कप के कुछ आंकड़े

- 19 फरवरी से 2 अप्रैल तक
- मेजबान देश भारत, श्रीलंका और बांग्लादेश
- कुल देशों की संख्या 14
- 43 मैच 13 शहरों में खेले गए
- पहला मैच 19 फरवरी को शेर ए बांग्ला स्टेडियम बांग्लादेश में खेला गया।

- फाइनल मैच 2 अप्रैल को मुंबई के वानखेड़े स्टेडियम में खेला गया।
- पुरस्कार राशि 18 करोड़।

भारतीय उपमहाद्वीप के देशों को आईसीसी ने 30 अप्रैल 2006 को 2011 विश्व कप की मेजबानी करने के लिए हरी झंडी दिखाई। हालांकि कयास यह लगाया जा रहा था कि 2011 का विश्व कप क्रिकेट आस्ट्रेलिया और न्यूजीलैण्ड द्वारा आयोजित किया जाएगा। परन्तु मतदान प्रक्रिया में एशियाई देशों ने आस्ट्रेलिया और न्यूजीलैण्ड की बोली को 3 के मुकाबले 7 वोटों से खारिज कर दिया। शुरुआत में यह विश्व कप भारत, पाकिस्तान, श्रीलंका और बांग्लादेश में आयोजित होने थे। इसमें से पहला मैच बांग्लादेश में आयोजित होता, पहला सेमीफाइनल मैच पाकिस्तान में, दूसरा सेमीफाइनल श्रीलंका में और फाइनल मैच भारत में आयोजित होना था। लेकिन 2009 में श्रीलंकाई क्रिकेट टीम पर लाहौर में हुए हमले के बाद पाकिस्तान से आयोजन करने का हक छीन लिया गया। हालांकि बाद में पाकिस्तान ने यह मैच संयुक्त अरब अमीरात में आयोजित करने का प्रस्ताव रखा, परन्तु आईसीसी ने यह प्रस्ताव ठुकरा दिया और पाकिस्तान में आयोजित होने वाले 14 मैचों में से 8 मैच भारत में 4 मैच श्रीलंका में और 2 मैच बांग्लादेश में आयोजित करने का फैसला किया। इसके साथ-साथ आईसीसी ने 2011 विश्व कप की आयोजन समिति के मुख्यालय को लाहौर से हटा कर मुंबई कर दिया। 2011 विश्व कप का प्रारुप पिछले विश्व कप से भिन्न हुआ। जहां इस बार के विश्व कप में पिछले बार के विश्व कप की तुलना में दो टीम कम रहीं, वहीं इस बार के विश्व कप में सुपर सिक्स का प्रारुप भी हटा लिया गया। इस बार के विश्व कप में 14 टीमों ने भाग लिया, जिन्हें ग्रुप-ए और ग्रुप-बी में बांटा गया। पहला चरण राउंड राबिन का रहा जिसके तहत सभी टीमें अपने-अपने ग्रुप में एक दूसरे के खिलाफ एक-एक मैच खेलेंगी। दूसरा चरण क्वार्टर फाइनल का था जिसे दो ग्रुप में बांटा गया। पहले चरण के मुकाबलों के आधार पर प्रत्येक ग्रुप से चार-चार टीमें पहुंचीं। क्वार्टर फाइनल के बाद सेमीफाइनल और फिर फाइनल। अंत के तीनों दौर नाकआउट प्रारुप के आधार पर खेले गए।

विश्व कप का शुभंकर स्टंपी

इस बार के क्रिकेट विश्व कप का शुभंकर दस साल का हाथी का बच्चा स्टंपी था। स्टंपी उत्साह और युवा जज्बे का प्रतीक है जिसका 2 अप्रैल 2010

को कोलंबो में समारोह पूर्वक अनावरण किया गया। इस बार के शुभंकर की खास बात यह है कि शुभंकर का नाम क्रिकेट के प्रेमियों द्वारा दिया गया, जिसका नाम एक कांटेस्ट के बाद चुना गया था।

क्रिकेट विश्व कप 2011 : परिणाम एक नजर में

मैच	दिनांक	टीम	स्थान	विजय
1	19 फरवरी	भारत बनाम बांग्लादेश	ढाका	भारत
2	20 फरवरी	न्यूजीलैण्ड बनाम केन्या	चेन्नई	न्यूजीलैण्ड
3	20 फरवरी	श्रीलंका बनाम कनाडा	हमबन्टोटा	श्रीलंका
4	21 फरवरी	आस्ट्रेलिया बनाम जिम्बाब्वे	अहमदाबाद	आस्ट्रेलिया
5	22 फरवरी	इंग्लैंड बनाम नीदरलैंड	नागपुर	इंग्लैंड
6	23 फरवरी	पाकिस्तान बनाम केन्या	हम्बन्होता	पाकिस्तान
7	24 फरवरी	द अफ्रीका बनाम वेस्टइंडीज	नई दिल्ली	द. अफ्रीका
8	25 फरवरी	आस्ट्रेलिया बनाम न्यूजीलैंड	नागपुर	आस्ट्रेलिया
9	25 फरवरी	बांग्लादेश बनाम आयरलैंड	ढाका	बांग्लादेश
10	26 फरवरी	श्रीलंका बनाम पाकिस्तान	कोलंबो	पाकिस्तान
11	27 फरवरी	भारत बनाम इंग्लैंड	बेंगलुरू	टाई
12	28 फरवरी	जिम्बाब्वे बनाम कनाडा	नागपुर	जिम्बाब्वे
13	28 फरवरी	वेस्टइंडीज बनाम नीदरलैंड	नई दिल्ली	वेस्टइंडीज
14	1 मार्च	श्रीलंका बनाम केन्या	कोलंबो	श्रीलंका
15	2 मार्च	इंग्लैंड बनाम आयरलैंड	बेंगलुरू	आयरलैंड
16	3 मार्च	द. अफ्रीका बनाम नीदरलैंड	मोहाली	द. अफ्रीका
17	3 मार्च	पाकिस्तान बनाम कनाडा	कोलंबो	पाकिस्तान
18	4 मार्च	न्यूजीलैण्ड बनाम जिम्बाब्वे	अहमदाबाद	न्यूजीलैंड
19	4 मार्च	बांग्लादेश बनाम वेस्टइंडीज	ढाका	वेस्टइंडीज
20	5 मार्च	श्रीलंका बनाम आस्ट्रेलिया	कोलंबो	रद्द
21	6 मार्च	इंग्लैंड बनाम द. अफ्रीका	चेन्नई	इंग्लैंड
22	6 मार्च	भारत बनाम आयरलैंड	बेंगलुरू	भारत
23	7 मार्च	केन्या बनाम कनाडा	नई दिल्ली	कनाडा
24	8 मार्च	पाकिस्तान बनाम न्यूजीलैण्ड	पल्लेकेल्ले	न्यूजीलैण्ड
25	9 मार्च	भारत बनाम नीदरलैंड	नई दिल्ली	भारत
26	10 मार्च	श्रीलंका बनाम जिम्बाब्वे	पल्लेकेल्ले	श्रीलंका
27	11 मार्च	वेस्टइंडीज बनाम आयरलैंड	मोहाली	वेस्टइंडीज
28	11 मार्च	बांग्लादेश बनाम इंग्लैंड	चिटागौंग	बांग्लादेश

मैच	दिनांक	टीम	स्थान	विजय
29	12 मार्च	भारत बनाम दक्षिण अफ्रीका	नागपुर	दक्षिण अफ्रीका
30	13 मार्च	न्यूजीलैण्ड बनाम कनाडा	मुंबई	न्यूजीलैंड
31	13 मार्च	आस्ट्रेलिया बनाम केन्या	बंगलुरू	आस्ट्रेलिया
32	14 मार्च	बांग्लादेश बनाम नीदरलैंड	चिटागौंग	बांग्लादेश
33	14 मार्च	पाकिस्तान बनाम जिम्बाब्वे	पल्लेकेल्ले	पाकिस्तान
34	15 मार्च	दक्षिण अफ्रीका बनाम आयरलैंड	कोलकता	दक्षिण अफ्रीका
35	16 मार्च	आस्ट्रेलिया बनाम कनाडा	बेंगलुरू	आस्ट्रेलिया
36	17 मार्च	इंग्लैंड बनाम वेस्टइंडीज	चेन्नई	इंग्लैंड
37	18 मार्च	आयरलैंड बनाम नीदरलैंड	कोलकता	आयरलैंड
38	18 मार्च	श्रीलंका बनाम न्यूजीलैण्ड	मुंबई	श्रीलंका
39	19 मार्च	बांग्लादेश बनाम दक्षिण अफ्रीका	ढाका	दक्षिण अफ्रीका
40	19 मार्च	आस्ट्रेलिया बनाम पाकिस्तान	कोलंबो	पाकिस्तान
41	20 मार्च	जिम्बाब्वे बनाम केन्या	कोलकता	जिम्बाब्वे
42	20 मार्च	भारत बनाम वेस्टइंडीज	चेन्नई	भारत
43	23 मार्च	पहला क्वार्टर फाइनल पाक बनाम वेस्टइंडीज	ढाका	पाक
44	24 मार्च	दूसरा क्वार्टर फाइनल भारत बनाम आस्ट्रेलिया	अहमदाबाद	भारत
45	25 मार्च	तीसरा क्वार्टर फाइनल न्यूजीलैंड बनाम द. अफ्रीका	ढाका	न्यूजीलैंड
46	26 मार्च	चौथा क्वार्टर फाइनल श्रीलंका बनाम इंग्लैंड	कोलंबो	श्रीलंका
47	29 मार्च	पहला सेमीफाइनल : श्रीलंका बनाम न्यूजीलैंड	कोलंबो	श्रीलंका
48	30 मार्च	दूसरा सेमीफाइनल भारत बनाम पाक	मोहाली	भारत
49	2 अप्रैल	फाइनल : भारत बनाम श्रीलंका	मुंबई	भारत

विश्व कप की झलकियां

विश्व कप एक ऐसा सुखद एहसास रहा कि इसकी याद लंबे समय तक लोगों के जेहन में बनी रहेगी। 2011 का विश्व कप जीतने के बाद भारतीयों के मन में 1983 की याद ताजा हो उठती है। यही वह लम्हा था जब क्रिकेट प्रेमियों से लेकर हर किसी के जुबां पर था। आज एक बार विश्व कप की याद ताजा हो उठी है जिसकी कुछ झलकियां हमेशा लोगों के जहन में रहेगी।

भारतीय टीम ने पाकिस्तान के खिलाफ सदैव तिरंगा बुलंद रखा

भारत और पाकिस्तान के बीच मैच जितना रोमांचक होता है उतना रोमांच शायद किसी भी मुल्क के साथ मैच में नहीं होता। लेकिन भारतीय टीम ने हर बार विश्व कप में पाकिस्तान के खिलाफ अपना तिरंगा बुलंद रखा है। भारत और पाकिस्तान के बीच विश्व कप में अब तक कुल पांच मुकाबले हुए हैं और सभी पांचों मैच में भारत को जीत मिली है। दोनों ही टीमों के बीच विश्व कप में सबसे पहले वर्ष 1992 में मुकाबला हुआ था जिसे भारत ने 43 रन से जीता था। इसके बाद 1996 में दोनों टीम के बीच बेंगलुरु के चिन्नास्वामी स्टेडियम में मुकाबला हुआ जिसमें भारत ने पाकिस्तान को 39 रन से हराया। इसी प्रकार 1999 में इंग्लैंड में हुए विश्व कप में भारत और पाकिस्तान के बीच मुकाबला हुआ जिसे भारतीय टीम ने 47 रन से जीता। 2003 में हुए दक्षिण अफ्रीका में विश्व कप के दौरान भारत और पाकिस्तान के बीच जो मुकाबला हुआ उसमें भी भारत ने पाकिस्तान को हराया। 2011 के विश्व कप में भी भारत ने पाकिस्तान को हराकर एक बार फिर साबित कर दिया कि वह एक बेहतर टीम है। इस बार भारत के नौ विकेट पर 260 रन के जवाब में पाकिस्तान 231 रन ही बना सका।

विश्व कप में रहा दिल्लीवालों का जलवा

विश्व कप विजेता भारतीय टीम में इस बार दिल्ली के दिलवालों का बोलबाला रहा और भारत के खिताबी सफर में दिल्ली के चार खिलाडियों ने महत्वपूर्ण भूमिका निभाई। विश्व विजेता टीम में किसी अन्य राज्य के इतने खिलाड़ी नहीं थे जितने कि दिल्ली से थे। विस्फोटक ओपनर वीरेन्द्र सहवाग विश्वसनीय गौतम गंभीर, प्रतिभाशाली विराट कोहली और अनुभवी गेंदबाज

आशीष नेहरा ने टीम इंडिया को विश्व कप में खिताब की मंजिल तक पहुँचाने में कोई कसर नहीं छोड़ी। भारतीय टीम को देखा जाए तो झारखंड से कप्तान महेन्द्र सिंह धोनी, महाराष्ट्र से सचिन तेंदुलकर और जहीर खान, गुजरात से मुनाफ पटेल और यूसुफ पठान, उत्तर प्रदेश से पीयूष चावला और सुरेश रैना पंजाब से हरभजन सिंह, तमिलनाड से आर. अश्विन और युवराज सिंह तथा केरल से शांताकुमारन श्रीसंथ हैं। इस तरह केवल दिल्ली से सर्वाधिक चार खिलाड़ी विश्व विजेता टीम इंडिया के सदस्य थे। सहवाग ने जहां बांग्लादेश के खिलाफ बेंगलुरू उद्घाटन मैच में 175 रन की विस्फोटक पारी खेली थी, वहीं गंभीर ने फाइनल में श्रीलंका के खिलाफ 97 रन की मैच विजयी पारी खेली थी। आशीष नेहरा ऊंगली की चोट के कारण फाइनल तो नहीं खेल पाए मगर उन्होंने पाकिस्तान के खिलाफ मोहाली में हुए सेमीफाइनल में दो विकेट के साथ कंजूसी भरी गेंदबाजी कर भारत को जीत दिलाई थी। युवा विराट कोहली ने पूरे टूर्नामेंट में अपने बैट से और अपने फुर्तीले क्षेत्ररक्षण से उम्दा प्रदर्शन करते हुए टीम में हमेशा जोश का संचार किया। विराट और गंभीर ने फाइनल में तीसरे विकेट के लिए उपयोगी अर्धशतकीय साझेदारी कर भारत को शुरुआती दो झटकों से उबार दिया था।

दिल्ली के इन धुरंधरों के प्रदर्शन पर दिल्ली सरकार ने भी अपना दिल खोलते हुए कप्तान महेन्द्र सिंह धोनी को दो करोड़ रुपए और सहवाग गंभीर कोहली और नेहरा को एक-एक करोड़ रुपए देने की घोषणा की है। हालांकि सहवाग और नेहरा दोनों ही दिल्ली के माने जाते हैं लेकिन उनका संबंध दिल्ली से सटे राज्य हरियाणा से भी है। हरियाणा सरकार ने भी कप्तान धोनी के साथ सहवाग तथा नेहरा को भी सम्मानित करने का फैसला किया है। उल्लेखनीय है कि सहवाग हरियाणा के झज्जर जिले के और नेहरा गुडगांव जिले के मूलरूप से निवासी हैं। इस बीच तेल एवं प्राकृतिक गैस निगम लिमिटेड ओएनजीसी ने अपने कर्मियों गंभीर और विराट को आउट आफ टर्न प्रमोशन और 20-20 लाख रुपए देने का फैसला किया है।

विजेता टीम को आजीवन मुफ्त हवाई यात्रा

विश्व कप जीतने वाली भारतीय क्रिकेट टीम के सभी सदस्यों एवं उनकी पत्नियों और बच्चों को किंगफिशर ने अपने अंतरराष्ट्रीय और घरेलू सर्किट पर आजीवन मुफ्त हवाई यात्रा की सुविधा देने की घोषणा की। विश्व कप जीतने

के बाद किंगफिशर की ओर से कहा गया कि टीम के सभी 15 सदस्य उनकी पत्नियां और बच्चे अब किंगफिशर फर्स्ट क्लास में विशिष्ट अतिथि के तौर पर मुफ्त यात्रा कर सकेंगे। यह ऑफर घरेलू और अंतरराष्ट्रीय दोनों रुटों पर लागू है।

टीम इंडिया को मिलेंगे न्यारे बंगले

रियल स्टेट का कारोबार करने वाली कंपनी आम्रपाली ने भारतीय क्रिकेट टीम को लग्जरी बंगले उपहार में देने की घोषणा की है। कुल मिलाकर नौ करोड़ रुपए मूल्य के ये बंगले भारतीय टीम को विश्व कप विजेता बनने के उपलक्ष्य में दिए जा रहे हैं। भारतीय टीम के कप्तान धोनी 2009 से ही आम्रपाली के ब्रांड अम्बेसडर हैं। कंपनी ने अब पूरी टीम को नोएडा एक्सटेंशन में आम्रपाली ड्रीम वैली प्रोजक्ट में लग्जरी (बंगले)विला देने का फैसला किया है। विश्व विजेता टीम को लग्जरी विला दिये जाने की घोषणा आम्रपाली के अध्यक्ष एवं प्रबंध निदेशक अनिल कुमार शर्मा ने की। कप्तान धोनी को एक करोड़ रुपए मूल्य का बंगला दिया जाएगा जबकि टीम के शेष सदस्यों को दिए जाने वाले प्रत्येक बंगले की कीमत 55 लाख रूपये होगी। इस टाउनशिप के निर्माण का काम शुरु हो चुका है और इसे तीन साल में पूरा किया जाएगा। कंपनी ने धोनी के साथ चार साल के लिए प्रचार प्रसार का अनुबंध किया है। शर्मा ने कहा कि धोनी के विश्व कप विजेता टीम का कप्तान होने का असर उनके अनुबंध मूल्य पर नहीं होगा। उल्लेखनीय है कि विश्व कप जीतने के बाद से ही भारतीय क्रिकेट टीम पर उपहारों की बौछार हो रही है। खिलाडियों के लिए करोड़ों रुपए के नकदी व आवासीय भूखंड व रेलवे में प्रथम श्रेणी वातानुकूलित यात्रा पास सहित अनेक उपहारों की घोषणा की जा चुकी है।

टीम को मिली असली आईसीसी ट्राफी

विश्व विजेता भारतीय टीम को जो ट्राफी मिली वह असली न होकर प्रतिकृति है। मीडिया में इस तरह की रिपोर्टें आ रही हैं कि भारतीय टीम को असली ट्राफी की प्रतिकृति दे दी गई जबकि असली कप मुंबई में सीमा शुल्क विभाग के पास अटकी पड़ी है क्योंकि उस पर शुल्क अदा नहीं किया गया है। इन रिपोर्टों के बाद आईसीसी ने एक मीडिया रिलीज जारी कर कहा कि

शनिवार की रात वानखेड़े स्टेडियम में भारतीय टीम जो ट्राफी दी गयी है वह असली है। इस बात का कोई सवाल ही नहीं है कि भारतीय टीम को असली ट्राफी नहीं दी गई है। इस कप पर आईसीसी क्रिकेट विश्व कप 2011 का विशेष लोगो है यही वो कप है जिसके लिए 14 टीमों ने प्रतियोगिता में हिस्सा लिया। मुंबई में सीमा शुल्क विभाग के पास पड़े कप के बारे में आईसीसी ने स्पष्टीकरण दिया है कि वो एक प्रोमो ट्राफी है जो आमतौर पर दुबई में आईसीसी के मुख्यालय में रहती है। आईसीसी के मुताबिक इस प्रोमो कप में आईसीसी का कारपोरेट लोगो होता है न कि 2011 विश्व कप का लोगो और इसे सोमवार को दुबई ले जाया ज़ाएगा। विश्व कप में जीत के बाद से महेंद्र सिंह धोनी समेत कई खिलाडियों ने गेटवे आफ इंडिया पर जाकर ट्राफी के साथ फोटो खिंचवाई थी।

कैसी रही है दोनों टीमों की फाइनल की राह

भारत और श्रीलंका को फाइनल तक पहुंचने में एक-एक हार का सामना करना पड़ा है। इनके सफर की दास्तां इस प्रकार रही:

श्रीलंका (ग्रुप-ए) :

श्रीलंका के सात विकेट पर 332 रन के जवाब में कनाडा 122 पर आल आउट । 210 रनों से जीत मिली

पाकिस्तान के सात विकेट पर 277 रन के जवाब में श्रीलंका नौ विकेट पर 266 रन ही बना सका। 11 रन से हार मिली।

कीनिया के 142 रन के जवाब में श्रीलंका ने सिर्फ एक विकेट के नुकसान पर 146 रन बनाए। नौ विकेट से जीत मिली।

आस्ट्रेलिया के विरुद्ध तीन विकेट पर 146 रन के श्रीलंकाई स्कोर पर बारिश की वजह से मैच रद्द हो गया।

श्रीलंका के छह विकेट पर 327 रन के जवाब में जिम्बाब्वे की टीम 188 रनों पर सिमट गई। 139 रन से जीत मिली।

श्रीलंका के नौ विकेट पर 265 रन के जवाब में न्यूजीलैंड की टीम 153 रन पर आउट। 112 रन से जीत मिली।

क्वार्टर फाइनल: इंग्लैंड के छह विकेट पर 229 रनों के जवाब में श्रीलंका ने बिना विकेट गंवाए 231 रन बनाए। 10 विकेट से जीत मिली।

सेमीफाइनल: न्यूजीलैंड के 217 रन के जवाब में श्रीलंका ने पांच विकेट पर 220 रन बनाए। पांच विकेट से जीत मिली।

भारत (ग्रुप-बी) :

भारत के चार विकेट पर 370 रन के जवाब में बांग्लादेश नौ विकेट पर 283 रन बना सका। 87 रनों से जीत मिली।

भारत के 338 रन के जवाब में इंग्लैंड ने भी आठ विकेट पर 338 रन बना दिए। मैच टाई हो गया।

आयरलैंड के 207 रन के जवाब में भारत ने पांच विकेट के नुकसान पर 210 रन बनाए। पांच विकेट से जीत मिली।

ग्रुप बी. नीदरलैंड्स के 189 रन के जवाब में भारत ने पाँच विकेट के नुकसान पर 191 रन बनाए। पाँच विकेट से जीत मिली।

भारत के 296 रन के जवाब में दक्षिण अफीका ने सात विकेट पर 300 रन बना दिए। तीन विकेट से हार मिली।

ग्रुप बी. भारत के 268 रन के जवाब में वेस्टइंडीज की टीम 188 रन ही बना सकी। 80 रन से जीत मिली।

क्वार्टर फाइनल: आस्ट्रेलिया के छह विकेट पर 260 रन के जवाब में भारत ने पांच विकेट के नुकसान पर 261 रन बना लिए। पांच विकेट से जीत मिली।

सेमीफाइनल: भारत के नौ विकेट पर 260 रन के जवाब में पाकिस्तान 231 रन ही बना सका। 29 रन से जीत मिली।

22

भारतीय खिलाड़ियों का परिचय

विश्व कप जीतने वाली भारतीय क्रिकेट टीम के सदस्य आज किसी परिचय के मोहताज नहीं है। लगातार मिल रही उपलब्धियों और अपने खेल क्षमता के बल पर क्रिकेट प्रेमियों के बीच अपनी जगह बना चुके हैं। फिर भी क्रिकेट के इन महान सितारों के बारे में हर कोई छोटी-मोटी बात जानना चाहता है। उदाहरण के लिए कहां के हैं रहने वाले हैं, किस टीम से खेलते हैं और कैसा रहा है इनका प्रदर्शन। पेश है विश्व कप के इन क्रिकेट सितारों का विवरण-

महेंद्र सिंह धोनी, कप्तान

जन्म 7 जुलाई, 1981 रांची। भारतीय टीम के अलावा बिहार, झारखंड, चेन्नई सुपर किंग्स, एशिया इलेवन के लिए भी खेल चुके हैं। पहला टेस्ट दिसंबर 2005 में श्रीलंका के खिलाफ चेन्नई में खेला। पहला वनडे दिसंबर 2004 में बांग्लादेश के खिलफ़ चटगांव में। पहला ट्वेन्टी 20 दिसंबर 2006 में दक्षिण अफ्रीका के खिलाफ जोहानिसबर्ग में। क्रिकेट की दुनिया में मिस्टर कूल के नाम से प्रसिद्ध) महेंद्र सिंह धोनी भारत के कप्तान हैं और 174 वनडे मैचों में उनका औसत 50 रन के करीब है। वे एक ऐसे शहर से क्रिकेट की दुनिया में आए हैं जहां से पहले कोई नहीं आया था। छोटे शहरों के लोगों का टीम इंडिया में शामिल होना अब भी बड़ी बात है। उन्हें विकेट के पीछे के हुनर से ज्यादा आक्रामक बल्लेबाजी के लिए टीम में शामिल किया गया और

उन्होंने अपने पांचवें मैच में ही पाकिस्तान के खिलाफ 148 रन की यादगार पारी खेलकर न सिर्फ भारत को मैच जिताया बल्कि क्रिकेट प्रेमियों का भरोसा भी जीत लिया। उसी साल धोनी ने श्रीलंका के खिलाफ 183 रन की एक और यादगार पारी खेली। समय के साथ उनकी विकेट कीपिंग भी संवरती गई और बैटिंग में भी परिपक्वता आई। छोटे शहर से निकले इस खिलाड़ी के मैदान पर किए गए बेहतरीन प्रदर्शन और शांत स्वभाव ने भारत का कप्तान बना दिया। धोनी के नेतृत्व में भारत टेस्ट क्रिकेट में पहले स्थान पर पहुंचा है तो वनडे में विश्व कप जीतकर यह साबित कर दिया कि वह दुनिया के सर्वश्रेष्ठ कप्तानों में से एक हैं। उनके नेतृत्व में भारत ने 20-20 क्रिकेट के पहले ही संस्करण में खिताबी जीत हासिल की। आईपीएल में वह चेन्नई सुपर किंग्स के कप्तान हैं और उन्होंने न सिर्फ चेन्नई को खिताबी जीत दिलाई बल्कि 2010 में चैम्पियंस लीग में भी जीत दिलाई। मैदान में किसी भी स्थिति में वह कूल रहते हैं। मैदान के बाहर भी वह शालीनता के साथ ही पेश आते हैं। सादगी से हुई उनकी शादी और विज्ञापनदाताओं की जगह पहली पसंद धोनी आज भी युवा दिलों की धड़कन हैं।

वीरेन्द्र सहवाग, उप कप्तान

जन्म: 20 अक्तूबर 1978, दिल्ली। भारतीय टीम के अलावा लेस्टरशायर, डेलही डेयरडेविल्स के लिए भी खेल रहे हैं। पहला टेस्ट नवंबर 2001 में दक्षिण अफ्रीका के खिलाफ खेला। पहला वनडे अप्रैल 1999 में पाकिस्तान के खिलाफ मोहाली में। पहला ट्वेन्टी-20 दिसंबर 2006 में दक्षिण अफ्रीका के खिलाफ जोहानिसबर्ग में। वन डे मैचों में तेजी से रन बटोरने के लिए मशहूर वीरेन्द्र सहवाग टेस्ट क्रिकेट की दुनिया में किसी भी बल्लेबाज से ज्यादा तेजी के साथ रन बटोरने के लिए मशहूर हैं। ताबड़तोड़ बल्लेबाजी की शैली अपनाने वाले सहवाग को नजफगढ़ का नवाब भी कहा जाता है। चौके-छक्के लगाना तो उनके लिए जैसे एक-दो रन बनाने के बराबर है। जितनी देर मैदान में रहते हैं शांत नहीं रहते। जब उन्होंने अपना पहला शतक लगाया तो उस मैच में तेंदुलकर नहीं खेल रहे थे लेकिन जिस शैली में सहवाग ने एक-एक स्ट्रोक लगाए उसे देखकर क्रिकेट प्रेमियों को सचिन तेंदुलकर की याद ताजा हो उठी। लेकिन अपनी आक्रामकता के कारण वह सचिन से भिन्न नजर आने लगे और उन्होंने अपनी अलग पहचान बना ली। जब सहवाग ने पाकिस्तान के खिलाफ मुल्तान में तिहरा शतक लगाया

तो उन्हें मुल्तान के सुल्तान का नाम दिया गया । कम फुटवर्क के साथ आफ साइड में स्क्वेयर लेग पर उड़ती हुई शाट उनसे ज्यादा शायद कोई लगाता हो। भारत की तरफ से वह टेस्ट क्रिकेट में सबसे ज्यादा दोहरा शतक बनाने वाले खिलाड़ी हैं। वे तीसरा तिहरा शतक लगाने से चूक गए नहीं तो इतिहास में वह अकेले ऐसा करने वाले खिलाड़ी होते। सारे गेंदबाजों के लिए किसी हौव्वे से कम नहीं है। मैदान में उन्हें आउट करके ही खामोश किया जा सकता है।

गौतम गंभीर

जन्म: 14 अक्तूबर, 1981 दिल्ली। भारतीय टीम के अलावा डेलही डेयरडेविल्स के लिए भी खेलते हैं। पहला टेस्ट नवंबर 2004 में आस्ट्रेलिया के खिलाफ मुंबई में खेला। पहला वनडे अप्रैल 2003 में बांग्लादेश के खिलाफ ढ़ाका में खेला। पहला ट्वेन्टी-20 सितंबर 2007 में स्काटलैंड के खिलाफ खेला। गौतम गंभीर की आईपीएल की नई नीलामी में सबसे ज्यादा बोली लगी जो यह साबित करता है कि दिल्ली के गौतम गंभीर इन दिनों कितने भरोसेमंद खिलाड़ी हैं। गंभीर क्रिकेट के हर संस्करण के लिए विश्वसनीय खिलाड़ी साबित हुए हैं। वह सहवाग की तरह तेज गति से रन बटोर सकते हैं। राहुल द्रविड़ और वीवीएस लक्ष्मण की तरह उनका डिफेंस मजबूत है और तेंदुलकर की तरह रन बनाने में लगे रहते हुए गंभीर ने संतोषजनक प्रदर्शन किया है। टीम इंडिया में उनकी जगह शुरू से ही निश्चित नहीं रही। उन्हें 2007 की भारतीय विश्व कप टीम में जगह नहीं मिल सकी थी। बाएं हाथ के इस सलामी बल्लेबाज ने घरेलू क्रिकेट में जबरदस्त प्रदर्शन कर टीम में वापसी की। वनडे में शतक और टी-20 में अर्धशतक के बाद गंभीर को टेस्ट में वापस बुलाया गया और अगले 13 टेस्ट में गंभीर ने आठ शतक लगा कर अपनी स्थिति मजबूत कर ली। 2009 में गंभीर को आईसीसी क्रिकेटर आफ द ईयर चुना गया। गंभीर ने आईपीएल में दिल्ली की कप्तानी की है। उनके साथ पारी की शुरुआत करने वाले सहवाग का कहना है कि सुनील गावसकर के बाद से गंभीर भारत के सबसे अच्छे सलामी बल्लेबाज हैं।

सचिन तेंदुलकर

जन्म: 24 अप्रैल, 1973, मुंबई। भारतीय टीम के अलावा मुंबई, यार्कशायर और मुंबई इंडियंस के लिए भी खेलते हैं। पहला टेस्ट नवंबर 1989 में पाकिस्तान के खिलाफ कराची में खेला। पहला वनडे दिसंबर 1989 में पाकिस्तान के

खिलाफ गुजरांवाला में खेला। पहला ट्वेन्टी-20 दिसंबर 2006 में दक्षिण अफीका के खिलाफ जोहानिसबर्ग में खेला। सचिन तेंदुलकर अपने समय के हर तरह से कम्पलीट क्रिकेटर और क्रिकेट इतिहास के सबसे ज्यादा रन बनाने वाले खिलाड़ी हैं। बल्लेबाजी का शायद ही कोई ऐसा रिकार्ड हो जो उनकी क्षमता से बाहर हो। तेंदुलकर निःसंदेह दुनिया के सबसे लोकप्रिय क्रिकेटर हैं। उनकी बल्लेबाजी का हर आयाम अपने आप में एक मिसाल है। धैर्य, संयम, आक्रमण, सही गेंद का चुनाव, गेंद का प्लेसमेंट, गैप निकालना और सबसे बढ़कर क्रिकेट के प्रति समर्पण उनको बेमिसाल खिलाड़ी बनाता है। तेंदुलकर हर प्रकार के क्रिकेट के लिए किसी भी टीम की पहली पसंद हो सकते हैं। लंबा अनुभव किसी भी परिस्थिति से निपटने की क्षमता भारत के लिए एक वरदान है। उनके खाते में वनडे और टेस्ट दोनों में सबसे ज्यादा शतक और सबसे ज्यादा रन है। दुनिया का हर गेंदबाज उनका विकेट लेने की ख्वाहिश रखता है। दो विश्व कप में वे सबसे ज्यादा रन बनाने वाले खिलाड़ी रहे। वर्ष 2000 में वह पहले खिलाड़ी बने जिसने अंतरराष्ट्रीय क्रिकेट में 50 शतक लगाए हों और इस विश्व कप में उनसे यह उम्मींद की जा रही थी कि वह अपना 100वां अंतरराष्ट्रीय शतक लगाएं। तेंदुलकर आईपीएल में मुंबई इंडियंस के कप्तान हैं लेकिन उन्होंने भारत की तरफ से टी20 न खेलने का फैसला किया है।

सुरेश कुमार रैना

जन्म: 27 नवंबर, 1986 गाजियाबाद, उत्तर प्रदेश। भारतीय टीम के अलावा उत्तर प्रदेश और चेन्नई सुपर किंग्स के लिए भी खेल रहे हैं। पहला टेस्ट जुलाई 2010 में श्रीलंका के खिलाफ कोलंबो में खेला। पहला वनडे जुलाई 2005 में श्रीलंका के खिलाफ दाम्बुला में खेला। पहला ट्वेन्टी 20 दिसंबर 2006 में दक्षिण अफ्रीका के खिलाफ जोहानिसबर्ग में। सुरेश रैना बाएं हाथ के बल्लेबाज हैं और वह भारत की नई पीढ़ी के बल्लेबाजों का नेतृत्व करते हैं जिनमें तेजी से रन बनाने की भी योग्यता है और क्रीज पर देर तक टिके रहने की भी। रैना की गिनती बेहतरीन क्षेत्ररक्षक के तौर पर भी होती है। रैना को घायल युवराज सिंह की जगह टेस्ट टीम में शामिल किया गया और उन्होंने अपने पहले ही मैच में शतक लगाकर अपनी क्षमता का परिचय दे दिया। 100 से ज्यादा वनडे मैच खेलने वाले रैना को 2007 की विश्व कप टीम में शामिल नहीं किया गया था। उन्होंने लगातार 15 मैचों में कोई बड़ा स्कोर

यहां तक की अर्धशतक भी नहीं लगाया था। बहरहाल, घरेलू क्रिकेट में बेहतर प्रदर्शन के बाद उन्हें फिर से टीम में शामिल किया गया और रैना ने एशिया कप में दो शतक लगाकर अपनी स्थिति मजबूत कर ली। वह आईपीएल में चेन्नई सुपर किंग्स के सबसे ज्यादा रन बनाने वाले खिलाड़ियों में शामिल हैं। वह चेन्नई के उन चार खिलाड़ियों में शामिल हैं जिन्हें टीम ने रोक लिया था। रैना की शैली और उनके खेलने के प्रति लगन को देखकर ये कहा जा सकता है कि अभी उनकी अच्छी पारियां आना बाकी है। विश्व कप में मध्यक्रम बल्लेबाजों में उनसे काफी उम्मीदें थीं। वह दाहिने हाथ के आफ ब्रेक गेंदबाज भी हैं और धोनी ने उनसे पार्ट टाइम गेंदबाज का काम भी लेते हैं।

युवराज सिंह

जन्म: 12 दिसंबर, 1981, चंडीगढ़। भारतीय टीम के अलावा पंजाब, यार्कशायर, किंग्स इलेवन पंजाब के लिए भी खेलते हैं। पहला टेस्ट अक्तूबर 2003 में न्यूजीलैंड के खिलाफ मोहाली में और पहला वनडे अक्टूबर 2000 में कीनिया के खिलाफ नैरोबी में खेला। पहला ट्वेन्टी 20 सितंबर 2007 में स्काटलैंड के खिलाफ खेला। गेंद को सफाई के साथ हिट करने में युवराज सिंह का जवाब नहीं लेकिन उसी हालत में जब वो लय में हों। युवराज सीमित ओवरों के ज्यादा उपयोगी खिलाड़ी हैं। अच्छे क्षेत्ररक्षक होने के साथ-साथ पार्ट टाइम स्पिनर हैं। उनके पिता ने भी भारत के लिए एक टेस्ट मैच खेल रखा है। उन्होंने ही युवराज को क्रिकेटर बनाने का फैसला किया था। युवराज ने अपने दूसरे ही वनडे इंटरनेशनल में आस्ट्रेलिया के खिलाफ एक अच्छी पारी खेल कर टीम में अपनी जगह पुख्ता कर ली। हालांकि उसके बाद कई मैचों में वो अच्छी पारी नहीं खेल पाए, लेकिन वह टीम में बने रहे। टी-20 के विश्व कप 2007 में उन्होंने उस वक्त एक यादगार पारी खेली जब इंग्लैंड के खिलाफ मैच रोमांचक स्थिति में था। उन्होंने तेज गेंदबाज स्टुअर्ट ब्राड की छह गेंदों पर छह छक्के जड़े। पहले द्रविड फिर महेंद्र सिंह धोनी के साथ युवराज ने भारतीय मध्यक्रम को मजबूती प्रदान की है। युवराज ने अभी तक कुल 12 शतक और 45 अर्धशतक लगाए हैं। टेस्ट में युवराज कोई खास खेल नहीं दिखा सके और अच्छी तेज गति की स्विंग गेंदबाजी और अच्छी स्पिन के सामने उन्हें परेशानी होती है। अभी तक सिर्फ तीन शतक ही उनके खाते में है। इस विश्व कप में भी उनके बेहतर प्रदर्शन ने हर क्रिकेट प्रेमियों को अपनी तरफ आकर्षित किया है।

यूसुफ पठान

जन्म: 17 नवंबर, 1982, बड़ौदा, गुजरात। भारतीय टीम के अलावा बड़ौदा, राजस्थान रायल्स के लिए खेलते हैं। यूसफ पठान की ख्याति तेज गति से रन बनाने की है और वह टी-20 के सफल बल्लेबाज माने जाते हैं। यूसुफ के छोटे भाई इरफान पठान को हालांकि भारत की टीम में पहले जगह मिली लेकिन धीरे-धीरे यूसुफ ने अपने खेल से पहले टी-20 और फिर वनडे टीम में जगह बनाई। यूसुफ पठान को भारतीय विश्व कप टीम में एक आलराउंडर की हैसियत से शामिल किया गया था। वह आफ ब्रेक गेंदबाज हैं लेकिन उनसे तेज गति से रन बनाने की ज्यादा उम्मीद की जाती है। आईपीएल के 2008 के पहले संस्करण में यूसुफ ने 435 रन बनाए जिसमें चार अर्धशतक शामिल थे। राजस्थान रायल्स की खिताबी जीत में उनकी महत्त्वपूर्ण भूमिका थी। दलीप ट्राफी के फाइनल में यूसुफ ने 190 गेंदों पर दोहरा शतक जड़ कर प्रथम श्रेणी के क्रिकेट में यादगार पारी खेली। न्यूजीलैंड के खिलाफ सीरिज में यूसफ ने 123 रन की पारी खेलकर भारत को मैच जीतने में अहम् भूमिका निभाई। पठान को इस बार कोलकाता नाइटराइडर्स ने 21 लाख अमरीकी डालर में खरीदा है। पठान ने दक्षिण अफ्रीका के खिलाफ अंतिम मैच में यादगार पारी खेली। वह भारत को मैच तो जिता नहीं पाए लेकिन क्रिकेट प्रेमियों का दिल जरुर जीत लिया।

हरभजन सिंह

जन्म: 3 जुलाई, 1980 जालंधर, पंजाब। भारतीय टीम के अलावा पंजाब, लंकाशायर और मुंबई इंडियंस के लिए भी खेलते हैं। पहला टेस्ट मार्च 1998 में आस्ट्रेलिया के खिलाफ बेंगलुरू में खेला। पहला वनडे अप्रैल 1998 में न्यूजीलैंड के खिलाफ शारजाह में खेला। पहला ट्वेन्टी 20 दिसंबर 2006 में दक्षिण अफ्रीका के खिलाफ जोहानिसबर्ग में खेला। हरभजन सिंह अभी तक के भारत के सबसे सफल आफ स्पिनर हैं। वह अपने आक्रामक रुख और बल्लेबाजी के लिए भी जाने जाते हैं। शुरू में हरभजन की गेंदबाजी के एक्शन को लेकर विवाद उठा था लेकिन उन्होंने अपने एक्शन में आवश्यक सुधार किया। उनकी अचानक उठ जाने वाली गेंद ही उनका सबसे बड़ा हथियार है। आस्ट्रेलिया के खिलाफ हरभजन सिंह ने 2001 में तीन टेस्ट मैचों में 32 विकेट

लेकर अपनी धाक जमाई लेकिन आस्ट्रेलिया के साथ उनका छत्तीस का आंकड़ा अब भी जारी है। हरभजन विवादों में रहते हैं। आस्ट्रेलिया के एंड्रयू साइमंड्स के साथ उनका विवाद हर कोई जानता है। फिर आईपीएल में श्रीसंत को थप्पड़ जड़ने के लिए उन्हें प्रतिबंध से भी गुजरना पड़ा। हरभजन सिंह ने टेस्ट में भारत की तरफ से पहली हैट्रिक भी ली है।

जहीर खान

जन्म: 7 अक्तूबर, 1978 श्रीरामपुर, महाराष्ट्र। टीम इंडिया के अलावा बड़ौदा, मुम्बई, वारसेस्टरशायर, रायल चैलेंजर्स बेंगलुरू और मुंबई इंडियंस के लिए भी खेलते हैं। पहला टेस्ट नवम्बर 2000 में बांग्लादेश के खिलाफ ढाका में खेला। पहला वनडे अक्तूबर 2000 में कीनिया के खिलाफ नैरोबी में खेला। पहला टी-20 दिसंबर 2006 में दक्षिण अफ्रीका के खिलाफ जोहानिसबर्ग में खेला। जहीर खान बाएं हाथ के तेज गेंदबाज हैं और उनमें वो सारी खूबियां हैं जो एक तेज गेंदबाज की पहचान मानी जाती हैं। वह गेंद को दोनों तरफ मूव करा सकते हैं और पाकिस्तानी तेज गेंदबाजों की तरह रिवर्स स्विंग कराने की क्षमता रखते हैं। जहीर खान अपनी चोट के कारण कई बार टीम से बाहर रहे। अब उन्होंने अपना रन-अप कम किया है। वह वेस्ट इंडीज में अपनी अच्छी गेंदबाजी के कारण मैन आफ द सीरिज रहे। उसके बाद फिर दक्षिण अफ्रीका में मैन आफ द सीरिज बने। जहीर की तुलना हमेशा वसीम अकरम से की जाती है हालांकि जहीर में अकरम जैसी कुशलता नहीं है लेकिन मानसिक तौर पर वह उतने ही दमदार हैं। जबसे वह टीम में हैं उन्होंने भारतीय आक्रमण की अगुवाई की है। शुरुआती झटके देने में उनकी बड़ी भूमिका रही है। उन्होंने 2006 में वारसेस्टरशायर की तरफ से खेलते हुए 78 विकेट लिए थे। विशेषज्ञों का मानना है कि अगर जहीर खुद को चोट से बचा पाएं तो वह भारत के अब तक के सबसे प्रभावशाली तेज गेंदबाज हो सकते हैं। उनमें क्षमता है, अनुभव है और वह अपने शिकार को दबोचने के लिए पहचाने जाते हैं।

प्रवीण कुमार

जन्म: 2 अक्तूबर, 1986, मेरठ, उत्तर प्रदेश। भारतीय टीम के अलावा उत्तर प्रदेश, रायल चैलेंजर्स बेंगलुरू के लिए खेलते हैं। पहला वनडे नवंबर 2007 में पाकिस्तान के खिलाफ जयपुर में खेला। पहला टी-20 फरवरी 2008

में आस्ट्रेलिया के खिलाफ मेलबोर्न में खेला। प्रवीण कुमार परंपरागत भारतीय तेज गेंदबाजों की श्रेणी में आते हैं। उनमें गति ज्यादा नहीं है लेकिन गेंद में स्विंग में महारत हासिल है। वह मेहनती हैं और लंबे समय तक गेंदबाजी करने की क्षमता रखते हैं। मेरठ में पैदा हुए प्रवीण कुमार भारतीय पिचों पर विकेट लेने का हुनर जानते हैं। उन्होंने वनडे क्रिकेट में अपनी पहली ही सीरिज में 10 विकेट लेकर अपनी क्षमता साबित कर दी। सीबी सीरिज में आस्ट्रेलिया के खिलाफ मैच जिताने में अहम भूमिका निभाई। उन्होंने घरेलू क्रिकेट में खास तौर से अच्छा प्रदर्शन किया और चयनकर्ताओं की नजर से वह ज्यादा दूर नहीं है, प्रवीण कुमार ने आईपीएल में रायल चैलेंजर्स बेंगलुरू की तरफ से अच्छा प्रदर्शन किया है। वह जरुरत पड़ने पर बल्ले का अच्छा इस्तेमाल भी कर लेते हैं। प्रवीण कुमार ने अपनी क्षमता का कुशलता के साथ प्रयोग किया है। अंतिम ओवरों में कप्तान महेंद्र सिंह धोनी ने उन पर भरोसा भी दिखाया है।

आशीष नेहरा

जन्म: 29 अप्रैल, 1979 दिल्ली। भारतीय टीम के अलावा देलही डेयरडेविल्स, मुंबई इंडियंस और दिल्ली के लिए भी खेलते हैं। पहला टेस्ट फरवरी 1999 में श्रीलंका के खिलाफ कोलंबो में खेला। पहला वनडे जून 2001 में जिम्बाब्वे के खिलाफ हरारे में खेला। पहला ट्वेन्टी 20 दिसंबर 2009 में श्रीलंका के खिलाफ नागपुर में खेला। आशीष नेहरा ने अंतरराष्ट्रीय वनडे क्रिकेट में 2000-01 में कदम रखा और जल्द ही साबित कर दिया कि उनमें बाएं हाथ के क्लासिक तेज गेंदबाज की सारी विशेषताएं मौजूद हैं। उनमें गति, लाइन और लेंथ पर कंट्रोल है। वह अपनी गति और दिशा में समय-समय पर परिवर्तन करने की क्षमता रखते हैं। आशीष गेंद को जब अंदर लाते हैं तो बल्लेबाजों के लिए परेशानियां खड़ी कर देते हैं। उन्होंने 1999 में अपना पहला टेस्ट खेला था। आशीष नेहरा को उनकी चोट ने काफी परेशान किया। जब वह अपने चरम पर थे तभी परेशानियों ने आ घेरा। इससे उनके गेंद की गति और दिशा पर कंट्रोल जाता रहा। नेहरा ने जिम्बाब्वे के खिलाफ ही अपनी पहली पूरी सीरिज खेली। 2005 में उन्हें जिम्बाब्वे के दौरे को बीच ही छोडना पड़ा था, टेस्ट में उन्हें दोबारा तो नहीं बुलाया जा सका लेकिन आईपीएल के दूसरे संस्करण में अच्छा प्रदर्शन करने के कारण उन्हें वेस्ट इंडीज के विरुद्ध 2009 में वनडे टीम में वापस बुलाया गया। नेहरा ने पाकिस्तान और इंग्लैंड के

विरुद्ध खास तौर से अच्छा प्रदर्शन किया है। उन्होंने वनडे में इंग्लैंड के विरुद्ध अपना बेहतरीन प्रदर्शन दिखाया जब उन्होंने 23 रन देकर छह विकेट झटके थे।

मुनाफ पटेल

जन्म: 12 जुलाई, 1983, गुजरात। भारतीय टीम के अलावा गुजरात, राजस्थान रायल्स के लिए भी खेलते हैं। पहला टेस्ट मार्च 2006 में इंग्लैंड के खिलाफ मोहाली में खेला। पहला वनडे अप्रैल 2006 में इंग्लैंड के खिलाफ खेला। पहला ट्वेन्टी 20 जनवरी 2011 में दक्षिण अफ्रीका के खिलाफ डरबन में खेला। भारत में किसी खिलाड़ी ने भारतीय क्रिकेट टीम में शामिल होने से पहले उतना नाम नहीं कमाया जितना कि मुनाफ पटेल ने कमाया। उनकी तेज गति की चर्चा टीम में शामिल होने से पहले उस वक्त शुरू हुई जब किरण मोरे ने उन्हें गेंदबाजी करते देखा और उन्हें बिना किसी देरी के एमआरएफ पेस फाउंडेशन में प्रशिक्षण के लिए भेज दिया। तेज गति के साथ गेंद करने की क्षमता के कारण उन्हें गुजरात और बड़ौदा ने अपनी टीम में शामिल करने की कोशिश की लेकिन मुनाफ में तेंदुलकर ने दिलचस्पी ली जिससे उन्हें मुंबई की तरफ से फर्स्ट क्लास क्रिकेट खेली। अपने पहले ही मैच में इंग्लैंड के विरुद्ध मोहाली में मुनाफ ने 97 रन देकर सात विकेट लिए जो किसी भी भारतीय तेज गेंदबाज का अपने पहले मैच में सबसे अच्छा प्रदर्शन था। अपने जमाने के दूसरे तेज गेंदबाजों की तरह मुनाफ भी चोट का शिकार हो गए और अचानक उनकी गति में काफी कमी आ गई। यहां तक कि टीम में वह अपनी जगह खो बैठे। फिर जहीर खान और श्रीसंत की चोट के कारण वर्ष 2010 में मुनाफ की श्रीलंका के खिलाफ वापसी हुई और हालिया दक्षिण अफ्रीका सिरीज में मुनाफ ने धारदार गेंदबाजी कर भारत को रोमांचक जीत दिलाई।

विराट कोहली

जन्म: 05 जुलाई, 1988 दिल्ली। भारतीय टीम के अलावा दिल्ली और रायल चैलेंजर्स बेंगलुरू के लिए खेलते हैं। पहला वनडे अगस्त 2008 में श्रीलंका के खिलाफ दाम्बुला में खेला। पहला टी-20 मैच 20 जून 2010 को जिम्बाब्वे के खिलाफ हरारे में खेला। विराट कोहली ने अपने फर्स्ट क्लास क्रिकेट की शुरुआत दिल्ली से वर्ष 2006-07 में की और अपनी पुख्ता बल्लेबाजी के कारण उन्हें 2008 में अंडर-19 विश्व कप के लिए कप्तान

बनाया गया जिसमें उन्होंने भारत को खिताबी जीत दिलाई। उन्होंने एक ठंडे दिमाग वाले परिपक्व बल्लेबाज की ख्याति प्राप्त कर ली है। मध्यक्रम में उन्हें खेलना पसंद है। कोहली को 2008 में वीरेन्द्र सहवाग के चोटिल होने के कारण उनकी जगह श्रीलंका के खिलाफ भारत की वनडे टीम में शामिल किया गया उसके साथ ही वह चैम्पियंस ट्राफी के लिए भी चुने गए। उन्होंने अभी तक खेले गए वनडे मैचों में चार शतक और 12 अर्धशतक लगाए हैं। टी-20 में भारत की तरफ से खेलते हुए उन्होंने अभी तक कोई महत्त्वपूर्ण पारी नहीं खेली है लेकिन उनकी बल्लेबाजी का लोहा मानते हुए आईपीएल में उन्हें एक मजबूत खिलाड़ी माना जाता है। आईपीएल की नई नीलामी में रायल चैलेंजर्स बेंगलुरू ने जिस एकमात्र खिलाड़ी को अपने पास रखा वह विराट ही थे। विराट कोहली ने दक्षिण अफ्रीका के विरुद्ध हालिया वनडे सीरिज में कई महत्त्वपूर्ण पारियां खेलीं हैं।

रविचंद्रन अश्विन

जन्म: 17 सितम्बर, 1986 चेन्नई। भारतीय टीम के अलावा तमिलनाडु और चेन्नई सुपर किंग्स के लिए खेलते हैं। पहला वनडे जून 2010 में श्रीलंका के खिलाफ हरारे में खेला। पहला टी-20 जून 2010 में जिम्बाब्वे के खिलाफ हरारे में खेला। आर अश्विन के नाम से प्रसिद्ध रविचंद्रन अश्विन नए खिलाड़ी हैं और दाएं हाथ के आफ ब्रेक स्पिनर हैं। पिछले साल ही उन्होंने वनडे मैचों में एंट्री ली। उन्होंने अपनी प्रतिभा रणजी ट्राफी में उस वक्त दिखाई जब उन्होंने 2006-07 में तमिलनाडु की तरफ से खेलते हुए 31 विकेट लिए। आईपीएल में वह चेन्नई की तरफ से खेल चुके हैं और उन्होंने अपनी सधी हुई गेंदबाजी का परिचय भी दिया है। आईपीएल में चेन्नई की जीत में उन्होंने महत्त्वपूर्ण भूमिका निभाई। चैम्पियंस लीग में तो वह अपनी किफायती गेंदबाजी की वजह से मैन ऑफ द सीरिज भी चुने गए। उनकी गेंद करने की शैली कुछ हद तक भारत के मशहूर फिरकी गेंदबाज वेंकटराघवन से मिलती है। 24 वर्षीय अश्विन इंजीनियरिंग की पढ़ाई कर रहे हैं। उन्हें टीम इंडिया में 2010 के शुरू में दक्षिण अफ्रीका के विरुद्ध उस वक्त मौका मिला जब हरभजन सिंह ने निजी कारणों से छुट्टी ले रखी थी। अश्विन ने रणजी ट्राफी में अच्छी बल्लेबाजी के संकेत दिए पर वेस्ट इंडीज के खिलाफ टेस्ट मैच में शतक जमाकर दिखा दिया कि उनमें बल्लेबाजी की जबरदस्त क्षमता है। वह सीमित ओवर मैच के कारगर खिलाड़ी हैं।

पीयूष चावला

जन्म: 24 दिसंबर, 1988, अलीगढ़, उत्तर प्रदेश। भारतीय टीम के अलावा उत्तर प्रदेश और किंग्स इलेवन पंजाब के लिए भी खेलते हैं। पहला टेस्ट मार्च 2006 में इंग्लैंड के खिलाफ मोहाली में खेला। पहला वनडे मई 2007 में बांग्लादेश के खिलाफ ढाका में खेला। पहला टी-20 मई 2010 में दक्षिण अफ्रीका के खिलाफ खेला। पीयूष चावला भारत की ओर से वनडे और टेस्ट दोनों खेल चुके हैं लेकिन अभी तक टीम में उनकी स्थिति पूरी तरह मजबूत नहीं हैं। वो लेग ब्रेक गेंदबाज हैं लेकिन टीम इंडिया में आल राउंडर के रूप में शामिल हुए हैं हालांकि अभी तक उन्होंने अपने बल्ले का जौहर नहीं दिखाया है। उत्तर प्रदेश के शहर अलीगढ़ से आने वाले चावला भारत की अंडर-19 और यूपी की अंडर-22 टीम की ओर से खेल चुके हैं। उन्होंने 2007 में बांग्लादेश में अपने पहले वनडे मैच में तीन विकेट लिए थे और उसी साल इंग्लैंड और आयरलैंड के दौरे में 14 विकेट लिए थे। चावला ने इंग्लैंड और दक्षिण अफ्रीका के खिलाफ दो टेस्ट मैच भी खेले हैं लेकिन वह कुंबले के बाद टेस्ट क्रिकेट में अपना स्थान सुरक्षित करने में विफल रहे क्योंकि अमित मिश्रा और प्रज्ञान ओझा से उन्हें कड़ा मुकाबला मिला। आईपीएल के पहले संस्करण में चावला ने गेंद और बल्ले दोनों से सराहनीय प्रदर्शन किया था। वर्ष 2008 में एशिया कप में अच्छा प्रदर्शन न करने पर उन्हें घरेलू क्रिकेट में प्रदर्शन बेहतर करने के लिए वापस भेज दिया गया था।

इस पुस्तक के लिए सूचनाओं का स्रोत :

- गूगल डॉट कॉम एवं विविध ब्लाग्स।
- हिन्दुस्तान, हिन्दुस्तान टाइम्स, नवभारत टाइम्स, टाइम्स ऑफ इंडिया, ट्रिब्यून, राष्ट्रीय सहारा, इंडिया टुडे, आउटलुक, नई दुनिया, दैनिक जागरण, अमर उजाला, रांची एक्सप्रेस, प्रभात खबर आदि समाचार पत्र।
- विभिन्न टीवी चैनल के वेबसाइट।

व्यक्तित्व विकास की श्रेष्ठ पुस्तकें